Sp 154.63 Sue
Los sueños : su interpretación.

34028084612747
PW $14.95   ocn849213650
                02/11/14

P9-AQY-132
3 4028 08461 2747
HARRIS COUNTY PUBLIC LIBRARY

SUEÑOS LOS

Su Interpretación

Si este libro le ha interesado y desea que lo mantengamos informado de nuestras publicaciones, escríbanos indicándonos cuáles son los temas de su interés (Autoayuda, Espiritualidad, Qigong, Naturismo, Enigmas, Terapias Energéticas, Psicología práctica, Tradición...) y gustosamente lo complaceremos.

Puede contactar con nosotros en
comunicacion@editorialsirio.com

17ª edición: mayo 2013

© de la presente edición
EDITORIAL SIRIO, S.A.

EDITORIAL SIRIO, S.A.	NIRVANA LIBROS S.A. DE C.V.	ED. SIRIO ARGENTINA
C/ Rosa de los Vientos, 64	Camino a Minas, 501	C/ Paracas 59
Pol. Ind. El Viso	Bodega nº 8,	1275- Capital Federal
29006-Málaga	Col. Lomas de Becerra	Buenos Aires
España	Del.: Alvaro Obregón	(Argentina)
	México D.F., 01280	

www.editorialsirio.com
sirio@editorialsirio.com

I.S.B.N.: 978-84-7808-945-1
Depósito Legal: MA-886-2013

Impreso en los talleres gráficos de Romanya/Valls
Verdaguer 1, 08786-Capellades (Barcelona)

Printed in Spain

Cualquier forma de reproducción, distribución, comunicación pública o transformación de esta obra sólo puede ser realizada con la autorización de sus titulares, salvo excepción prevista por la ley. Diríjase a CEDRO (Centro Español de Derechos Reprográficos, www.cedro.org) si necesita fotocopiar o escanear algún fragmento de esta obra.

SUEÑOS los

Su Interpretación

editorial Sirio, s.a.

PRÓLOGO

Hace ya casi tres décadas y cediendo a la gran cantidad de demandas de los lectores sobre la interpretación de los sueños, nos decidimos a presentar este breve manual, organizado en forma de diccionario y con una selección de los hechos, objetos y situaciones que con más frecuencia se presentan en nuestra vida onírica. Las interpretaciones están definidas de la forma más escueta posible, con la pretensión de que sirvan únicamente como indicaciones sobre el sentido que tradicionalmente se le ha asignado en las diferentes culturas a cada una de las palabras cuando aparecen en nuestros sueños. Una interpretación detallada y exhaustiva tendrá que estar forzosamente basada en las circunstancias y particularidades de cada individuo, por lo que podrá no tener absolutamente ninguna relación con los significados aquí expresados.

Siendo conscientes de la imposibilidad de establecer un código universal aplicable a todos los casos, pusimos en el mercado este pequeño manual, para que pudiera satisfacer la simple curiosidad del interesado en este tema, y también con la esperanza de que fuera un primer paso hacia trabajos más completos y profundos. Desde entonces, son muchos los libros sobre interpretación de los sueños que han aparecido en el mercado, sin embargo, la precisión de las interpretaciones contenidas en *Los sueños, su interpretación*, hace que su contenido siga tan vigente como el primer día.

LOS EDITORES

A

ABADÍA. Soñar con una abadía significa inquietudes morales, intelectuales o sentimentales. Sin embargo, si se halla en ruinas, ten por seguro que tus penas o dificultades terminarán en un breve plazo de tiempo.

ABANDONADO. Soñar que nos abandonan en actos, situaciones difíciles de nuestra vida, o bien en un camino o paraje solitario es un signo nefasto de que la tristeza invade nuestra alma. Pero, desde luego, podremos salir adelante, teniendo fortaleza en el corazón y la mayor voluntad de vencer.

ABANDONO. Abandonar a la esposa, hijos o familiares es un sueño que habrá de ponernos en guardia para rectificar nuestra mala conducta. Si se trata de animales u objetos personales, procuremos cuidar de nuestra salud. En cambio, si nos abandonan personas ricas y pudientes, nuestra situación mejorará notablemente.

ABANICO. Si sueñas que tienes un abanico en la mano, y eres mujer, te esperan traiciones y rivalidades que pueden terminar con tu matrimonio; si el abanico está roto, recibirás desengaños. Ver un abanico o estar abanicándose con él significa

9

contrariedades o desavenencias que podremos resolver si nos lo proponemos con firmeza.

ABATIMIENTO. Aunque soñar que uno se siente abatido demuestra tener un carácter apocado, no deberás desanimarte por los reveses que puedas sufrir, ya que estos se vencen con la perseverancia.

ABEJAS. Son señal de dinero y de prosperidad. Si nos pican, algún pariente o amigo nos perjudicará. Matar una abeja nos acarreará desgracias. Si nos ofrecen su miel, nos espera un bienestar, una prosperidad no solo en lo particular, sino en el seno de la familia, como culminación de nuestro trabajo honrado y constancia a la hora de desearlo.

ABISMO. Caer en él presagia grandes desgracias; pero si logras salvarte, te librarás de un grave peligro que te acecha.

ABOGADO. Soñar con un abogado es señal de malas noticias, así como hablar con él demuestra que perderás el tiempo. Si defiende alguna causa o juicio que te atañe, tendrá malas consecuencias. Este sueño te avisa de que debes cuidar tus intereses y no confiar en una persona cercana a ti y que te agasaja mucho.

ABORTO. Soñar con una mujer que sufre o se provoca un aborto te anuncia grandes contrariedades y desgracias.

ABRAZAR. Si se te representa en sueños este acto, tanto si lo ejecutas con familiares como con amigos, es indicio cierto de amor y de paz con las personas a quienes abrazas. Si a quien abrazas es una mujer, buena suerte.

ABREVADERO. Verlo es signo de tranquilidad. Beber en él, pérdida de dinero, aunque no muy cuantiosa. Si beben animales, presagio de gratas noticias. Con el agua clara, símbolo de alegría; si es turbia, indica la llegada al mundo de un familiar.

ABRIGO. Llevarlo puesto es aviso de que recibirás malas noticias.

ABUELOS. Soñar con un abuelo o antepasado sonriente significa satisfacciones; verlo triste, amarguras. Soñar con los dos te recuerda el cumplimiento de un trabajo o promesa olvidados.

ABUNDANCIA. Si en el sueño aparece una persona con abundantes bienes, debes esperar todo lo contrario, ya que tendrás que sufrir penalidades y escaseces.

ACACIA. Verla indica amor leal y afectos nobles. En cambio, si la hueles, te anuncia noticias desagradables.

ACCIDENTE. Sufrir un accidente no es un buen presagio; sin embargo, si logras evitarlo, no correrás peligro alguno.

ACEITE. Derramarlo es un mal presagio; si lo tomas, sufrirás riesgo de enfermedad. Si se lo untas a alguna persona, no tardarás en tener que ayudarle; en caso de que alguien te lo unte a ti, pronto recibirás la amistad o apoyo de quien lo hace.

ACEITUNAS. Tendrás paz y tranquilidad con quienes te rodean.

ACOMPAÑAR. Pasear con alguien es de mal augurio. Acompañar al piano u otro instrumento significa que debemos estar preparados para recibir confidencias de una persona, que no podremos divulgar para evitar tener que arrepentirnos de nuestra indiscreción.

ACORDEÓN. Tocarlo asegura éxito en asuntos amorosos. Si lo escuchas, tus oídos recibirán secretos de enamorados. También puede augurar una fiesta familiar cercana.

ACOSTARSE. Con una persona desconocida y de otro sexo, indica obstáculos en tus negocios. Con el esposo, malas noticias; con la esposa, alegría y felicidad.

ACRÓBATA. Es signo de buena salud; pero si sus acrobacias fracasan, tendrás pérdidas de dinero y perjuicios. En cambio, si eres tú quien practica las acrobacias, triunfarás en un asunto o negocio que te parecía aventurado.

11

ACTOR/ACTRIZ. Si eres tú quien actúa, tendrás probabilidades de éxito en tus asuntos. Soñar con actores es signo de placeres y diversiones; si se trata de actores conocidos y populares, has de procurar reconciliarte con la persona a quien hayas ofendido o despreciado recientemente. Procura evitar cualquier juego de azar.

ACUARIO. Magnífico sueño, presagio de fortuna y de felicidad duraderas.

ACUEDUCTO. Anuncia magníficos viajes, pero siempre que el acueducto se encuentre en buen estado de conservación. Por otra parte, desconfía de supuestos amigos que pueden perjudicarte.

ACUSADO. Es mejor ser acusado que acusar. En el primer caso, es un presagio feliz; en el segundo, augura fracasos e inquietudes.

ADICIÓN. Si soñamos que estamos sumando, procuremos evitar cualquier clase de juego, ya que la suerte nos volverá la espalda.

ADIÓS. Si nos estamos despidiendo de una persona, no tardaremos en volver a verla. Si es otra persona la que se despide de nosotros, significa el alejamiento de alguien que no nos es grato.

ADMIRACIÓN. Si quien sueña es admirado, es una señal lisonjera. En cambio, si es quien sueña el que admira a alguien, se hallará en una situación desagradable.

ADOLESCENTE. Este sueño solo tiene significado para las mujeres, a quienes les vaticina, si el adolescente es moreno, perfecta salud, y si es rubio, prosperidad y felicidad.

ADOPCIÓN. Significa que la persona que adopta a una criatura merecerá la simpatía de la gente que la rodea y trata.

ADULTERIO. Futuros inconvenientes; acontecimientos desgraciados.

AFEITARSE. Afeitarte tú mismo o hacerlo a otra persona es señal de pérdidas, ya sea de salud, honores o bienes.

AFILADOR. Estar afilando nos advierte de la pérdida de una buena amistad. Si es otra persona quien lo hace, es motivo de disgusto. Si sueñas con el propio afilador, te indicará un buen augurio.

AFLICCIÓN. Si eres tú quien la sufre, triunfarás sobre los malvados enemigos que te acechan.

AFRENTA. Si en tu sueño eres tú quien sufre la afrenta, pronto te beneficiarás de un éxito inesperado. En cambio, si la afrenta es a otra persona, procura guardarte de un grave peligro.

ÁGATA. Sufrirás una leve enfermedad y, después de tu mejoría, no tardarás en recibir un regalo de una persona amada.

AGENCIA. Puede que este sueño te acarree dificultades o desengaños de gente allegada a ti.

AGITACIÓN. Si eres tú quien la sufre, te espera un bienestar muy pronto, particularmente en cuestiones de dinero.

AGONÍA. Verte a ti mismo agonizando es indicio de buena salud. Ver a otra persona, señal de que alguien piensa en ti tratando de favorecerte.

AGRESIÓN. Si eres tú el agredido, te espera un aumento en tus bienes. Si eres el agresor, tendrás fallos en tus proyectos.

AGRICULTOR. Grato sueño que te augura salud y felicidad. Llegada de buenas noticias.

AGUA. En los sueños, el agua simboliza la vida. Si la bebes fría, gozarás de tranquilidad y de buenas amistades. Caliente, indica sinsabores y desengaños por parte de tus enemigos. Si el agua es estancada y sucia, presagia una grave enfermedad. Caminar por encima del agua señala acontecimientos felices. Derramarla simboliza disgustos y penas. Nadar es augurio de gratas diversiones.

ÁGUILA. Verla volar significa ventura y que tus esperanzas no tardarán en realizarse. Matarla presagia peligros, Si te ataca, un accidente grave. Montar sobre ella, peligro de muerte.

AGUINALDO. Si tú lo recibes, sufrirás sinsabores; si eres tú quien lo da, señal de codicia.

AGUJA. Pincharse con una aguja es un signo de contrariedades en nuestro trabajo, máxime si está rota. Si sueñas con agujas, tendrás suerte en tus negocios.

AGUJERO. Si sueñas que tu casa está llena de agujeros, te anuncia que algún familiar tuyo realizará un viaje muy pronto.

AHOGADO. Soñar que eres tú quien se ahoga es augurio de beneficios en tus negocios. Si se trata de otra persona, señal de triunfos y éxitos.

AHORCADO. Si eres tú quien pende de una horca, te traerá satisfacciones amorosas. Si se trata de otra persona, las satisfacciones las recibirás en forma de mejora de tu posición actual.

AIRE. El aire puro augura reconciliaciones, amistades y mucha prosperidad para la persona que sueña. Respirar aire perfumado por las flores de un jardín significa vida sana y provechosa. En cambio, el aire insalubre señala enfermedades.

AJEDREZ. Jugar al ajedrez vaticina un altercado con alguno de tus amigos.

AJO. Si sueñas que los comes, es un augurio de que se avecinan riñas y altercados. Olerlos o sentir su aliento, revelación de secretos. Si alguna persona te los ofrece, no tardarás en recibir un desengaño de algún buen amigo a quien quieres.

ALA. Tener alas simboliza una notable mejoría en tu estado. Si eres tú quien vuela, tendrás éxito en cualquier negocio que emprendas. Si se trata de alas de ave de rapiña, señalan tu triunfo sobre un daño; si son de un ave doméstica, paz y tranquilidad.

ALACRÁN. Soñar con un alacrán es augurio de inquietudes y angustias. Sin embargo, si lo matas, tu situación financiera mejorará notablemente, bien sea por lotería, herencia o regalo inesperado.

ALBAÑIL. Presagia desazones y fatigas. Esperanzas sin logro alguno.

ALBARICOQUES. Arrancados del árbol significan tristezas pasajeras. Si todavía están en el árbol, penas de carácter familiar. Comerlos es señal de graves contrariedades e incluso el anuncio de la muerte de un ser querido. Si es una mujer quien sueña con ellos, tendrá recuerdos de un viejo amor que le causarán tristeza y desazón.

ALBÓNDIGAS. Si eres tú quien las come, pronto sufrirás una desagradable experiencia. Si las preparas para comerlas, deberás preocuparte por tu trabajo o negocio.

ALCACHOFAS. No es un sueño muy agradable. Plantarlas, recolectarlas o comerlas denota infidelidad de una persona a quien quieres mucho. Si están resecas, fallecimiento de un familiar o amigo.

ALCATRAZ. Toda persona soltera que sueñe con alcatraces deberá esperar decepciones sentimentales, tanto por parte del novio como del pretendiente.

ALCOHOL. Es un buen sueño. Quemarlo significa alegría. Si te lo aplicas en masaje, aumento de dinero.

ALEGRÍA. Recibirás una mala noticia durante el día.

ALFILER. Soñar con alfileres es un mal presagio, ya que tus enemigos pueden causarte sinsabores y desgracias. Si te pinchas con uno, tendrás una pequeña desavenencia.

ALFOMBRA. Ver una alfombra indica riesgo de enfermedad gástrica producida por la alteración del sistema nervioso y, si sueñas que la estás barriendo, perturbaciones mentales.

Sin embargo, sentir que caminas sobre ella indica bienestar y tranquilidad.

ALGODÓN. Soñar con algodón te anuncia que sufrirás una dolencia sin graves consecuencias; pero si lo manipulas, tu enfermedad puede ponerte en gran peligro.

ALMA. Verla entrar en el cielo es señal de muy buenos presagios, pues significa que eres una buena persona, amada por familiares y amigos.

ALMACÉN. Soñar con un almacén es símbolo de salud.

ALMANAQUE. Debes procurar llevar una conducta correcta y serena, suprimiendo gastos superfluos, para evitar hallarte en una mala situación. Pronto recibirás una sorpresa agradable.

ALMENDRAS. Ver el árbol es una grata premonición, sobre todo cuando está florido. Si las comes, tendrás obstáculos inesperados, que solo podrás vencer con tu buena conducta.

ALMOHADA. Significa reanudación de relaciones amorosas; pero si la almohada con la que sueñas no es la tuya, recibirás engaños y desazones.

ALONDRA. Si la alondra está en pleno vuelo, es presagio de elevación y de buena fortuna. Si permanece posada en el suelo, indica cambios bruscos en tu trabajo.

ALTAR. Si se trata de un altar construido, es señal de satisfacciones; derribarlo presagia penas y desengaños.

AMATISTA. Suerte en los negocios, posición brillante.

AMAZONA. Si sueñas con las antiguas amazonas y eres soltero, procura evitar la elección de la mujer que deseas por esposa.

AMBULANCIA. No tardarás en conocer la muerte violenta de alguna persona querida.

AMIGOS. Si están contigo en una fiesta, pronto romperás con alguno de ellos.

AMOR. Amar a una persona de distinto sexo y ser recha-zado por ella indica una garantía de esperanza. Si la persona que sueñas que amas es rubia, ten cuidado de que no te traicio-ne; si es morena, te amenaza un peligro debido a un accidente. Amar a una anciana, o un anciano, significa tribulaciones.

AMPUTACIÓN. Si sueñas que eres tú quien la sufre, es presagio de pérdida de bienes. Verla practicar vaticina la muer-te de un ser querido.

ANDAMIO. Soñar con andamios es símbolo de nego-cios ruinosos.

ÁNGEL. Si en los sueños aparecen ángeles, siempre trae-rán buenos presagios. Soñar con uno solo significa que tendre-mos una poderosa protección que nos ayudará a obtener rique-zas y honores. Verlo volar es símbolo de prosperidad y de goces. Si son varios, tendremos que rectificar nuestra conducta para lograr su maravillosa protección.

ANIMALES. Si sueñas que estás alimentándolos, signifi-ca buena fortuna y prosperidad. Si solo los ves, son un aviso de noticias de personas ausentes.

ANTEOJOS. Presagian desgracias o tristeza.

ANTEPASADOS. Si los recuerdas en sueños, auguran una desgracia familiar. Verlos en tus sueños señala disgustos originados por parientes.

ANTIGÜEDADES. Pronto recibirás ayuda de un alto cargo. Si a uno le roban una antigüedad, esto indica que la persona que actualmente más te ayuda y protege se separará de ti, mal aconsejada por otra. Si la que sueña es una señora viuda, el sueño se interpreta como un aviso de que volverá a casarse de nuevo.

ANTORCHA. Si está encendida, recibiremos una re-compensa; si se encuentra apagada, problemas con la justicia.

ANUNCIO. Soñar que se leen anuncios es signo de fracaso en los negocios. Poner uno, bien sea en un periódico o pegado a una pared, indica la mejora paulatina de tu situación. Si los arrancas, procura tener cuidado con alguien que trata de engañarte.

ANZUELO. Significa que no tardarás en recibir noticias sobre unos asuntos desagradables relacionados con tu matrimonio.

APÉNDICE. Tener dolor de apéndice indica un matrimonio próximo, si es una persona soltera quien tiene este sueño. En caso de estar casada, deseos de ser más amada por su cónyuge.

APIO. Si sueñas que comes apio, pronto se te presentarán graves preocupaciones en tu vida. Si solo lo ves, es presagio de infidelidad conyugal.

APUESTA. Procura no cometer ninguna ligereza que pueda perjudicarte.

ARADO. Simplemente verlo es señal de ahorro de dinero. Si lo manejas, indica prosperidad en tus asuntos.

ARAÑA. Soñar que la araña está tejiendo su red es premonición de calumnias y de problemas judiciales. Si la matas, significa que desenmascararás a los enemigos que te rodean.

ÁRBOL. Cubierto por sus hojas, te anuncia la continuidad de la situación en la que vives actualmente. Seco y sin hojas, indica que pasarás por muchas dificultades y te verás involucrado en situaciones lamentables. Si está lleno de pájaros, es señal de éxito; pero, si se trata de pájaros de color negro, deberás cuidarse de la gente envidiosa.

ARCA. Si sueñas con el Arca de Noé, pronto tendrás noticias de una muerte inesperada.

ARCO. Disparar una flecha con el arco, señal de consuelo y alivio de tus penas.

ARCO IRIS. Tiene un bello significado de paz y de tranquilidad, en particular para todos aquellos que sueñan con él y ya son personas mayores. Si lo ves por el Oriente, representa dicha para los pobres y enfermos; por Occidente, solo es de buen augurio para los ricos.

ARENA. Soñar que paseas descalzo por la arena significa que pronto recibirás una mala noticia referente a un familiar tuyo muy querido. Si recoges arena para llenar con ella algunos sacos, la fortuna no tardará en visitarte.

ARGOLLA. Soñar con ella augura que triunfarás sobre todos los engaños. Si en el sueño estás atado a ella, indica compromisos.

ARLEQUÍN. Si en tus sueños aparece un arlequín, ten por seguro que tus penas actuales desaparecerán como por encanto. Cuídate de travesuras de mujeres.

ARMADURA. Verla indica dificultades; llevarla puesta es un augurio de que deberás tener prudencia en tus asuntos. Si te la quitas, terminarán tus problemas.

ARMARIO. Si está cerrado, pronostica riquezas; cuando está abierto, deberás tener cuidado con los ladrones. Vacío, presagia posibles querellas que deberán evitarse para no llegar a males mayores; si está lleno, tu felicidad conyugal peligra. Si el armario es de luna, sufrirás la deslealtad de una persona amiga.

ARMAS. Si son de fuego, indican violencias y riñas; si son blancas, enemistades y rupturas. Recibir armas es símbolo de honores. Si tú mismo te hieres, has de estar alerta contra una traición.

ARPA. Símbolo de consuelo para una persona enferma. Deberemos desconfiar de alguna mujer que nos ronda con malas intenciones.

ARRENDAMIENTO. Indica que no tardarás en firmar un contrato favorable, tanto de arrendamiento como de trabajo.

ARRESTO. Si uno sueña que está arrestado, tendrá falta de dedicación en el trabajo.

ARRODILLARSE. Un hombre arrodillado ante una mujer corre el riesgo de ser engañado; si lo hace ante otro hombre, indica afrenta. Si ves arrodillarse a otras personas, significa que deberás guardarte de maledicencias.

ARROYO. Si el arroyo es de agua clara, lograrás un empleo lucrativo y honorable; si es de agua turbia, señala desgracias y enfermedades.

ARROZ. Plantar arroz simboliza ganancias y éxitos. Si la persona que sueña se encuentra delicada, soñar con este cereal significa que pronto se curará de sus dolencias. Si ofreces un plato de arroz a alguien y lo acepta y se lo come, no tardarás en hallar quien te brinde su apoyo, contribuyendo a tu progreso y bienestar.

ARZOBISPO. Soñar con él anuncia una muerte próxima.

AS. Si sueñas que tienes un as de la baraja en el juego, significa que pronto tendrás la llegada de una noticia agradable.

ASA. Ver un asa, en general, es indicio de que en breve habrás de recibir protección. Si se trata del asa de un jarro que llevamos y se nos rompe, es el anuncio de una boda próxima.

ASALTO. Si sueñas que lo presencias, habrá un motivo de duelo. Si tomas parte en él, pronto conocerás un hecho digno de alabanza. Si eres víctima de un asalto, señala la pérdida de algún pariente o amigo querido.

ASAMBLEA. Si se trata de una asamblea de hombres, procura evitar las querellas; si está formada por mujeres, es indicio de una boda próxima de algún familiar o de la tuya propia.

ASCENSOR. Si sueñas que va lleno, significa que tus negocios irán bien. Si sube, tu situación cambiará favorablemente. Si baja, y además está vacío, augura decepciones y pérdidas de dinero.

ASESINATO. Si estás enfermo y sueñas que presencias un crimen, no solo recuperarás tu salud, sino que te traerá felicidad en tu negocio o trabajo. Sin embargo, si tú eres el asesino, no esperes más que graves disgustos con la familia.

ASFIXIA. Ver a una persona asfixiada es el grato anuncio de la curación de un familiar enfermo, así como también la obtención de una importante ganancia.

ASMA. En ocasiones, se sueña que se tiene asma debido a que se sufre de verdad esta enfermedad y la respiración resulta difícil; pero si no existe esta razón, el sueño indica una traición que podrás contrarrestar al estar avisado con tal presagio.

ASNO. Si vas montado en él, tendrás esfuerzos y sinsabores. Si lo ves correr, es señal de infortunio. Si rebuzna, indica daño y cansancio. Si el asno es blanco, recibirás noticias gratas y un beneficio en metálico; si es negro, señala contrariedades; si es gris, te avisa de la traición de algún amigo.

ASTRO. Cuanto más brillante lo veamos, mayores serán los placeres domésticos y más feliz el porvenir.

ASTRÓLOGO. Soñar con un astrólogo no tiene una definición exacta, ya que el sueño puede significar tanto un éxito grande como desengaños en nuestras ilusiones.

ATAÚD. Funesto aviso de la muerte de una persona amiga. Si eres tú el que está dentro del ataúd, significa que disfrutarás de una larga vida.

AULLIDO. Además de chismes y habladurías, son indicio de mala suerte en pleitos y negocios.

AUREOLA. Si eres tú quien lleva la aureola, recibirás el aprecio y consideración de la gente.

AUSENCIAS. Soñar con una persona ausente significa el regreso cercano de un familiar o amigo, sin que se trate precisamente del que has visto en sueños.

AUTOMÓVIL. Si eres un empleado y sueñas que subes a un automóvil, eso indica ascenso en tu trabajo; si se trata de personas con buenos medios de vida, señala mayores ganancias; sin embargo, si, durante el sueño, te ves obligado a bajarte del vehículo, nada de eso llegará a realizarse y, por el contrario, te sobrevendrán desengaños y pérdidas.

AUTOPSIA. Soñar que se presencia una autopsia significa negocios llenos de contrariedades. Si eres tú quien la practica, tendrás dificultades y grandes obstáculos.

AVARO. Si sueñas con una persona avara, pronto te llegarán buenas noticias o dinero. Si, por el contrario, eres tú el avaro, prepárate para recibir la llegada de un familiar o amigo que vive en el extranjero.

AVENA. Verla en el campo movida por el viento indica prosperidad; si ya ha sido segada, significa miserias.

AVIÓN. Si sueñas que el avión vuela alto, es señal de que lograrás un buen porvenir; se confirmará esto si el avión aterriza. Si cae, es augurio de malas noticias. Si permanece posado en tierra, motivo de desgracias.

AVISPA. Soñar con una avispa significa penas y muerte de un familiar o amigo. Si te pica una de ellas, sufrirás diversas contrariedades.

AZOTAR. Si azotas a alguien, obtendrás paz y felicidad en el matrimonio si eres soltero, y bienestar y alegría si eres casado.

AZÚCAR. Ver en sueños azúcar o comerla te avisa de que en una fecha no muy lejana tendrás una pena que te acarreará grandes amarguras.

AZUFRE. Soñar con azufre es una advertencia de que caerás en la tentación de gozar de amores prohibidos. Debes tener en cuenta esta premonición y tratar de evitar cometer tal acción, que te traería grandes contrariedades y desgracias. Sé fuerte y no lo hagas.

❧ B ❧

BABA. Ver a un niño o a personas mayores babeando, augura una buena boda, seguida de una herencia.

BABUCHA. Prepárate para recibir algún disgusto o noticia desagradable.

BACALAO. Soñar con bacalao es señal de alcanzar una prosperidad nunca soñada. Si eres tú quien lo come, significa mejoras en tu salud.

BÁCULO. Presagia una vejez larga y tranquila. De todos modos, intenta alejarte de murmuraciones y maledicencias.

BAILARINA. Si ves a una bailarina en sueños, procura cuidar mucho tu reputación.

BAILE. Participar en un baile significa alegría, placeres y buena salud. Si es un baile de máscaras, trata de velar por tu dinero para evitar inquietudes.

BAJADA. Descender de un lugar más elevado indica desgracias y pérdidas.

BALA. Si la bala es de plomo, indica que te acecha un grave peligro.

BALAUSTRADA. Soñar con ella es un signo de suerte y protección. Si la balaustrada está rota, señala una oportunidad de ganar dinero. Apoyarse en ella es pronóstico de recibir una buena ayuda.

BALCÓN. Estar en un balcón contemplando la calle es augurio de que pronto se realizarán tus ilusiones y deseos.

BALDE. Un balde o cubo lleno de agua, es señal de grandes ganancias; pero si está vacío, tendrás apuros económicos.

BALLENA. Si se ve la ballena flotando en el mar, significa abundancia material. Si la persona que sueña con ella es pobre, pronto mejorará su situación; si está enferma, indica su pronto restablecimiento.

BALLESTA. Si quien sueña con ella es un estudiante, es un feliz augurio de éxito tanto en los exámenes como en asuntos amorosos.

BALÓN. Lanzarlo al aire pronostica una pronta, aunque efímera, felicidad.

BÁLSAMO. Adquirirás buena reputación entre tus amistades.

BANCO. Si sueñas que estás en un banco, conviene que desconfíes de los proyectos y proposiciones que te hagan. Si se trata de un banco de iglesia, augura una boda próxima. Estar sentado en un banco de hierro es señal de regalos.

BANDERA. Si es un hombre quien sueña con ella, indica buenas noticias; si es una mujer, augura un cambio notable en su manera de ser. Si la bandera ondea en el asta, señala una mejora en tu empleo o cargo. Llevarla significa distinciones honoríficas.

BANDIDOS. Si te atacan, es signo de fortuna; pero si pones en fuga, estarás expuesto a perder tus bienes.

BANQUETE. Significa una agradable invitación de familiares o amigos para disfrutar de una suculenta comida.

BAÑO. Bañarse es signo de salud y, cuanto más clara y limpia esté el agua, mayor será tu tranquilidad y dicha. En cambio, si está turbia, representa enfados y decepciones. Si se baila en el mar, honores sin provecho.

BARBA. Soñar que tienes la barba larga es señal de que todos los asuntos te irán bien. Ver cortar una barba te anuncia la enfermedad de un pariente o amigo. Una barba negra augura penas; pelirroja, contrariedades; la barba blanca, desengaños amorosos. Afeitar a una mujer augura noticias luctuosas. Si una mujer encinta sueña con barbas, su hijo será varón.

BARBERO. Conocerás chismes y habladurías de la vecindad.

BARCA. Tanto si la ves como si la tripulas, es indicio del afecto de tus amigos hacia ti.

BARCO. Viajar en él augura la buena marcha de tus negocios.

BARDA. Si eres tú quien la construye, indica la consolidación o el aumento de tu fortuna.

BARNIZ. No tardarás en descubrir un engaño o traición.

BARÓMETRO. Debes procurar escuchar los consejos de un buen amigo.

BARREÑO. Si está vacío, indica felicidad; por el contrario, si se encuentra lleno, disgustos y malos tratos.

BARRER. Si eres tú quien barre tu casa, recibirás buenas noticias. Si sueñas que estás barriendo en otro lugar, tendrás contrariedades.

BARRERA. Si logras saltarla o pasar a través de ella, vencerás los obstáculos que creías insuperables.

BARRICADA. Se trata de un sueño desagradable, pues traerá disgustos y problemas familiares.

BARRIGA. Si sueñas que te duele la barriga, indica penas. Si ves que se te hincha, recibirás dinero.

BARRIL. Si el barril está lleno de agua, pensamientos bondadosos; si es de vino, señala prosperidad; de aceite, debes procurar subsanar tus errores; de alcohol, una vanidad desmedida; si se trata de vinagre, es augurio de desgracia.

BARRO. Caminar sobre lodo anuncia la pérdida de algo que estimamos. Si nos vemos manchados de barro, estamos en vísperas de tener que soportar molestias debidas a que alguien intenta calumniarnos. Resbalar en él es indicio de que nos veremos metidos en un problema judicial.

BÁSCULA. Después de haber disfrutado de sucesos agradables, podríamos sufrir grandes disgustos.

BASTÓN. Si sueñas que lo compras, ten por seguro que te librarás de un grave peligro. Si golpeas o te dan golpes con él, recibirás daños materiales.

BASURA. Tendrás noticias de una persona amiga que huyó del hogar.

BATALLA. Si sueñas que te encuentras en un campo de batalla, es indicio de riesgo de molestias y persecuciones.

BAÚL. Si está lleno, es señal de abundancia. Vacío, te anuncia malestar y miseria.

BAUTIZO. Asistir a un bautizo es siempre un presagio feliz. Si en este sueño un familiar o amigo no estuviera bautizado, sería presagio de que esa persona sufrirá penas y enfermedades.

BAYONETA. Llevar o usar una bayoneta es señal de alguna terrible desgracia.

BEATA. Debes procurar no relacionarte con gente que pueda ocasionarte disgustos.

BEBÉ. Soñar con un recién nacido es signo de felicidad en tu casa. Si eres tú el bebé, ten por seguro que hay una persona que te ama mucho, aunque no se atreve a confesártelo.

BEBER. Si en sueños bebes agua, tendrás que cuidar la salud, aunque también es indicio de que puede traerte algo bueno: beber agua fría augura riquezas; caliente, leve enfermedad. Si lo que bebes son licores, deberá interpretarse como logro de esperanzas e ilusiones. En cambio, soñar que bebes leche es presagio de rencillas y preocupaciones.

BELLOTAS. Soñar con bellotas puede interpretarse como un buen augurio.

BENDICIÓN. Si es un sacerdote quien te da la bendición, tendrás pleitos familiares a causa de habladurías de gente malévola. Si te la dan tus padres, es feliz augurio.

BERENJENA. Si está cruda, señala una pasión secreta. Si sueñas que está cocida, muy pronto recibirás la confesión de un amor que te hará feliz.

BERROS. Indican contrariedades y penas.

BESAR. Recibir un beso es un augurio favorable, de gratos afectos. Prepárate para recibir la visita de una persona querida. Dar un beso a una mujer (o a un hombre) representa un éxito feliz. Besar la mano de una mujer, progreso en las empresas. Besar el suelo, humillación.

BESTIAS. Si sueñas que eres perseguido por ellas, augura ofensas. Si las ves correr, tribulaciones y desgracias.

BIBLIA. Verla señala íntima alegría; leerla, paz en el espíritu.

BIBLIOTECA. Soñar que estás en una biblioteca cuyos estantes se hallan vacíos es señal de abulia y pereza por tu parte, que debes procurar corregir para evitar males mayores. Si los estantes están llenos de libros, indica que tus trabajos merecerán una buena recompensa.

BICICLETA. Si eres tú quien la monta, terminarás con un romance, aunque, si esto llegara, se producirá un cambio favorable. Si te caes de ella, perderás el dinero que hayas arriesgado en cualquier empresa o negocio.

BIGOTE. Si es largo, será señal de aumento de fortuna. Si no tienes bigote y sueñas que lo llevas, presagia situaciones desagradables. Si se trata de una mujer que sueña que es una "bigotuda", te vaticina infidelidades conyugales, en caso de ser casada, y si es soltera, deberá guardarse de chismes y maledicencias.

BILLAR. Si sueñas que lo ves o que juegas, procura no arriesgarte en operaciones comprometidas.

BILLETE. Soñar con billetes de banco siempre presagia apuros económicos.

BIZCOCHOS. Verlos augura buena salud. Comerlos revela un viaje en un futuro próximo.

BLUSA. Si sueñas con esta prenda, pronto conocerás a una persona con la que establecerás un firme lazo de amistad.

BOCA. Soñar con una boca grande es símbolo de prosperidad y riqueza. Si por el contrario es pequeña, significa que recibirás el desprecio de algunos amigos.

BODA. Si eres tú quien participa en tu propia boda, indica que gozarás de una magnífica situación con la ayuda de un familiar o amigo. Si sueñas que eres un simple asistente, recibirás lamentables noticias de la muerte de un ser querido.

BODEGA. Si la bodega es de vino y está repleta de barricas y botellas, tu sueño indica que, si eres persona soltera, contraerás un matrimonio afortunado; sin embargo, si ya estás casado, recibirás un buen ingreso de dinero. En caso de que la bodega contenga cereales u otros productos, la gente que esté privada de libertad pronto la recuperará y, si la persona que tiene este sueño es pobre, su situación mejorará notablemente.

BOLA. Soñar con bolas es un de buen presagio y, por lo tanto, este sueño será motivo de satisfacción y alegría.

BOLICHE. Te anuncia el regreso de alguna persona querida, residente en un país lejano.

BOLSA. Si está llena de dinero, tendrás dificultades de las que saldrás gracias a la protección de un buen amigo. Si está vacía, sufrirás momentáneas molestias de las que saldrás triunfante.

BOLSILLO. Registrar los bolsillos de una persona es señal de deudas y desconfianzas. Si alguno te los registra a ti, debes permanecer alerta ante un amigo que viene con malas intenciones.

BOMBA. Si sueñas que sacas agua con ella, es señal de felicidad y contento. Sin embargo, si no sale agua, es motivo de pobreza y pesadumbres. Si se trata de una bomba explosiva, vaticina malas noticias y sinsabores.

BOMBERO. Emprende con interés tu trabajo o negocios que recibirán un merecido progreso que te permitirá mejorar tu actual nivel de vida.

BORDADO. Usar vestidos bordados significa ambición, pero también puede ser que recibamos riquezas y honores. Si eres tú quien borda, serás objeto de críticas por parte de personas a quienes consideras amigos.

BORRACHO. Si sueñas que lo eres tú, te esperan grandes mejoras en tu actual situación, tanto en dinero como en tu empleo o negocios.

BORREGO. Soñar con borregos indica que recibirás alguna regañina de las personas que están por encima de ti, bien sean tus padres, jefes o profesores.

BOSQUE. Si estás en un bosque, rodeado de hermosos y frondosos árboles, no tardarás en recibir gratas noticias. Hallarte extraviado en él augura sinsabores.

BOSTEZO. Te enterarás de la muerte de una persona que no formaba parte de tus íntimas amistades.

BOTAS. Ver o estrenar botas nuevas es símbolo de riqueza y bienestar. Si las botas están usadas y viejas, no tardarás en adquirir unas.

BOTELLA. Si sueñas con una botella llena, significa alegría; si está vacía o rota, augura desgracias.

BOTICA. Si se te aparece en un sueño una botica o un boticario, ten por seguro que tendrás conocimiento de una boda por interés de alguna persona amiga.

BOTONES. Soñar con botones es señal de pérdidas. Si eres tú quien los cose a cualquier prenda, indica dicha en tu hogar y apoyo de tu familia.

BOXEO. Es un signo de rivalidad y violencia. Si sueñas que estás boxeando, tendrás que evitar a determinadas mujeres que tratan de perjudicarte. En caso de que veas boxear a otras personas, serán tus amigos los que traten de causarte problemas y perjuicios.

BRASA. Una brasa a medio extinguir es augurio de bienestar y dinero inesperado. Si está encendida, conlleva signos de demencia alrededor de nosotros, aunque no en personas de la familia, sino entre algún conocido.

BRASERO. Una persona querida sufrirá un accidente.

BRAZALETE. Soñar con brazaletes es signo de buen augurio por lo general. Si está roto, es una señal de un matrimonio que tendrá lugar muy pronto.

BRAZO. Si se trata de brazos son fuertes y robustos, indican felicidad. Velludos, vaticinan adquisición de riquezas. Rotos o cortados, indican una enfermedad en nuestro entorno.

BRINDIS. Símbolo de alegría por el nacimiento de un niño allegado a ti.

BROCHA. Soñar que tú u otra persona estáis pintando la casa con una brocha es señal de beneficios y satisfacciones.

BROCHE. Si sueñas que lo compras, recibirás una falsa alarma. Si lo pierdes, serás objeto de una injusta acusación de la que sin embargo saldrás victorioso.

BROTE. Si tú mismo o un jardinero contempláis los brotes de una planta o hace trasplantes con ellos, te anuncia prosperidad lenta pero continuada en tu estado actual.

BRUJA. No es agradable soñar con brujas, ya que trae dificultades e incluso pérdidas en el trabajo o en los negocios. Procura, en este día, no resbalar por la calle, pues la caída tendría malas consecuencias.

BUENA VENTURA. Si se trata de una gitana que te la dice, debes estar alerta a tus enemigos.

BUEY. Si este animal es grande y está gordo, pronto recibirás buenas noticias. En cambio, si está flaco y débil, has de esperar lo contrario. Cuando labra la tierra, es señal de buena suerte.

BÚHO. Soñar con un búho es de mal augurio, ya que no tardarás en conocer la muerte de un amigo.

BUITRE. Si luchas contra el buitre y llegas a vencerlo, es una señal de que pronto recobrarás la salud y la calma perdidas.

BUJÍA. Verlas fabricar o hacerlas uno mismo es indicio de que pronto tendrás ganancias. Soñar que una está encendida pronostica un nacimiento, mientras que una que se apaga sola presagia dolor y muerte.

BUÑUELOS. Si eres tú mismo quien los elabora, deberás guardarte de las intrigas de algunas personas que te rodean. Si sueñas que los comes, indica diversiones y placeres sensuales.

BUQUE. Si vas en él como pasajero y el navío se halla detenido en medio del mar, significa que puedes enfermar y, si no te atienden oportunamente, llegar incluso a la muerte. Si es una persona dedicada a los negocios quien sueña que viaja en el buque, obtendrá grandes ganancias. Si se trata de una mujer soltera, soñar que va como pasajera en el barco será fiel aviso de un matrimonio próximo, salvando los inconvenientes que puedan presentársele.

BURLA. Si sueñas que estás burlándote de alguien, será señal de que, en la vida real, hallarás gente que gozará burlándose de ti. En cambio, si otra persona hace mofa de ti, no tardarás en verla afectada por un accidente grave.

BURRO. Si sueñas con un burro de color blanco, pronto recibirás dinero. Si el animal es pardo o gris, deberás prepararte para evitar un engaño del que tratan de hacerte víctima. Verte montado en él significa que nunca has de perder la confianza de la persona a quien amas.

BUSTO. Ver el busto de un personaje es signo de que lograrás consideraciones y honores.

BUTACA. Soñar con una butaca o que te hallas sentado en ella es augurio de bienestar y una larga vida llena de satisfacciones.

CABALGAR. Si cabalgas sobre un caballo, tendrás triunfos y prosperidad. Si montas un burro u otro solípedo, significa problemas con la justicia; tendrás muchos obstáculos que solo podrás vencer poniendo en ello todo tu esfuerzo y tenacidad.

CABALLETE. Si sueñas que es nuevo, recibirás desengaños amorosos.

CABALLO. Un caballo negro indica que pronto te casarás con una persona rica, aunque de mal carácter; si se trata de un caballo blanco, augura ganancias; si está cojo, presagia contrariedades. Uno o más caballos uncidos a un carro presagian ascensos y mejoras en el trabajo.

CABAÑA. Soñar con una cabaña es un signo de felicidad, pero si esta se encuentra derruida y abandonada, significa trabajos penosos y amistades truncadas.

CABARÉ. Si estás en el cabaré alternando con otras personas, es una señal de fortuna y dicha. Si te encuentras solo, indica peligros y sinsabores.

CABELLO. Si los cabellos son negros y encrespados, es signo de pesares e infortunios. Si están bien peinados, indican amistades; pero si lo que ves es que se te cae, te está anunciando la pérdida de amigos. Si encanecen, vaticina una falta de dinero.

CABEZA. Una cabeza grande significa aumento de riquezas. Si aparece sola, sin el cuerpo, indica libertad. Si una persona enferma sueña que le cortan la cabeza, es señal de que pronto mejorará. Si tú se la cortas a alguien, y es augurio propicio para jugar a la lotería. Verla cortar a otra persona es presagio de que obtendrás dinero y adquirirás nuevas e importantes relaciones. Soñar con una cabeza de una persona de raza negra te está anunciando un próximo viaje.

CABLE. Procura tener cuidado con tu salud, ya que puede resultar perjudicada.

CABRA. Soñar que sujetas a una cabra por los cuernos indica que triunfarás sobre tus enemigos; pero esta te cornea, deberás alejarte de tus enemigos. Un rebaño de cabras significa pobreza y mala situación.

CACAO. Pronto recibirás noticias de una antigua amistad con quien mantuviste una relación.

CACEROLA. Soñar que está vacía en vísperas de casarse es presagio de que tu matrimonio no será muy afortunado. Sin embargo, verla llena de comida indica todo lo contrario.

CACTUS. Alguien tratará de abatir nuestro orgullo.

CADÁVER. Si sueñas que besas un cadáver, tu vida será larga y venturosa.

CADENA. Estar atado con cadenas significa penas y sinsabores; pero si logras romperlas, poco a poco irás saliendo de tu infortunio.

CADERAS. Si las caderas son grandes, es señal de alegría y prosperidad.

CAFÉ. Soñar con el grano en crudo, indica mejoría en tus negocios; si está tostado, recibirás agradables visitas; si está molido, se harán realidad tus proyectos e ilusiones. Si alguien te ofrece una taza de café, es augurio de muerte de un familiar; si al tomarlo se te derrama, deberás estar atento a un peligro.

CAÍDA. Si sueñas que te caes, es el anuncio de que se avecina una desgracia. Si la caída es en el mar, indica sobresaltos.

CAJA. Cualquier caja que esté llena significa prosperidad, dichas y viajes; si está vacía, lo que revela son inconvenientes. Si sueñas con una pila de cajas, deberás tener cuidado con los envidiosos.

CAJÓN. Si buscas algo en el cajón de una mesa y este se encuentra vacío, tendrás inconvenientes, aunque pasajeros, en tus asuntos.

CAL. Soñar con cal significa que una persona en quien habías depositado tu confianza te ha estado ocultando la verdad con respecto a cuestiones de gran trascendencia.

CALABAZAS. Quien sueña con calabazas y está enfermo pronto recuperará la salud.

CALABOZO. Si te hallas encerrado en un calabozo, recibirás grandes consuelos en esa situación. Si solo entras en él, es un indicio de buena salud.

CALAMAR. Soñar con calamares es un feliz anuncio de recibir dinero.

CALAVERA. Una o más calaveras presagian engaños y mala fe de gente que se dicen amigos nuestros y solo quieren perjudicarnos.

CALCETÍN. Si sueñas con un solo calcetín, indica molestias con parientes. Si uno mismo se los está poniendo, augura apuros de carácter económico; quitárselos, el fin de nuestras preocupaciones.

CALDO. Tomar una taza de caldo indica penas, sinsabores e intrigas por culpa de los celos.

CALENDARIO. Es aviso de que no debes aceptar una invitación que te harán en breve, con lo cual te evitarás un grave disgusto.

CÁLIZ. Este sueño indica profundas creencias religiosas.

CALLE. Pasar por una calle llena de basura significa que te hallarás metido en problemas judiciales. Por el contrario, si la calle está limpia, tus problemas se solucionarán pronto de forma satisfactoria. Si se trata de una calle estrecha y oscura, señala peligros.

CALLOS. Si sueñas que tienes callos, augura pesares y disgustos familiares.

CALOR. Soñar que se tiene mucho calor es indicio de larga vida.

CALUMNIA. Pronto recibirás las visitas de algunos amigos solicitándote favores.

CALVICIE. Si eres tú quien sueña que se queda calvo, augura contrariedades y penas que se acercan y que tal vez puedan influir en que te des a la bebida. Si quienes se quedan calvos son amigos, debes tener cuidado con ellos, ya que intentarán tramar algo en tu contra para perjudicarte.

CAMA. Soñar con una cama limpia te está indicando una situación estable en tu vida. Si se halla sucia y desordenada, es augurio de contrariedades. Estar solo, acostado en ella, presagia la llegada de una enfermedad.

CAMARERA. Soñar con una buena camarera, bien parecida y vestida con su uniforme, señala fracaso en el amor.

CAMELIA. Si sueñas que hueles esta flor, procura no trabar amistad con la persona que se te acerque con proposiciones amorosas, pues te arrepentirías, ya que será muy engreída y vanidosa.

CAMELLO. Si sueñas con un camello, te sobrevendrán penas por infidelidad de la persona a quien amas. Si los ves en caravana, es señal de riqueza y fin de las dificultades hogareñas.

CAMILLA. Es indicio de posible accidente o enfermedad. Cuídate.

CAMINO. Ver un camino recto o andar por él es un signo de alegrías. Si es difícil y pedregoso, indica que se te presentarán muchos obstáculos.

CAMIÓN. Este sueño te anuncia que tienes la oportunidad de obtener una herencia, aunque no de mucha cuantía.

CAMISA. Si sueñas con una camisa blanca y limpia, es una señal de que recibirás gratas visitas de amigos que te invitarán a una fiesta. Si la camisa está sucia, los amigos que te visiten solo te aportarán sinsabores.

CAMPANA. El toque alegre de campanas significa que tu proceder es objeto de malos comentarios entre tus amigos. Si tocan lentamente, conocerás la muerte de un personaje importante.

CAMPANARIO. Este sueño indica poder y fortuna; pero si el campanario se halla en ruinas, augura la pérdida de tu empleo.

CAMPO. Si en tu sueño ves un campo cultivado y hermoso, predice un matrimonio próximo o una herencia inesperada. Si el campo está yermo es presagio de contrariedades en tu trabajo.

CANAL. La feliz intervención de un buen amigo arreglará un asunto que te preocupa mucho.

CANARIO. Verlo en la jaula es una señal de que estás enamorado. Oírlo cantar significa que pronto recibirás una confidencia amorosa. Si el canario se escapa, señala la ruptura con la persona que amas.

CANASTA. Si se sueña con una canasta repleta de frutas, verduras y comestibles, es un buen augurio, ya que señala abundancia de bienes; pero si está vacía y rota, pronto tendrás problemas económicos.

CANDADO. Soñar con un candado significa pérdida de dinero o de objetos.

CANDELABRO. Presagia que nos encontraremos por la calle un objeto de poco valor; sin embargo, si el candelabro está encendido, aumenta la importancia del hallazgo.

CANELA. Señala un grato encuentro con una persona a la que estimas.

CANGREJO. Si sueñas que los comes, desavenencias con alguien que siempre mereció tu aprecio y amistad.

CÁNTARO. Lleno de agua, de leche u otro líquido, te anuncia la llegada de un bien inesperado y muy satisfactorio. Si el cántaro está vacío o roto, significa la pérdida de tu situación actual.

CANTINA. Hallarse dentro de una cantina es una señal de tristeza o de enfermedad.

CANTO. Si eres tú quien canta o escucha, pronostica tristeza.

CAÑÓN. Soñar que te hallas frente a un cañón significa que algo inesperado se presentará en tu vida. Oír un cañonazo presagia ruina y quiebra en los negocios.

CAPA. Si sueñas con ella, es un feliz augurio de noticias que te causarán dicha y alegría. Si llevas la capa puesta, recibirás un dinero que no esperabas.

CAPILLA. Tus leales sentimientos pronto te llevarán de nuevo por el buen camino.

CAPITÁN. Soñar con un capitán es un buen presagio. Prosperarás en tu trabajo, y la paz y la tranquilidad entrarán en tu hogar.

CARA. Si la cara con la que sueñas es agradable y bonita, vaticina una larga vida y honores.

CARACOL. Soñar con caracoles te anuncia un largo viaje. Si los comes, significa dicha y abundancia. En cambio, vacíos, auguran pérdidas de dinero.

CARAMELOS. Comer caramelos pronostica que alguien se atreverá a injuriarte, causándote amargura y disgusto.

CARAVANA. Verla pasar indica ganancias en tus transacciones. Si formas parte de ella, satisfacciones en el próximo viaje que piensas emprender.

CARBÓN. Soñar con carbón encendido presagia éxitos; si está apagado, dificultades para cobrar el dinero que te adeudan. Si eres tú quien saca el carbón de la tierra, es señal de riquezas inesperadas.

CÁRCEL. Si eres tú el que se halla encarcelado, significa que un peligro inminente te acecha; si sueñas que sales de la prisión, es señal de un triunfo seguro tras largas contrariedades.

CARDENAL. Feliz sueño que nos proporcionará grandes éxitos en nuestra situación actual.

CARETA. Cubrirse el rostro con una careta augura engaños y amigos falsos.

CARICIAS. Soñar que acaricias o eres acariciado es una señal de felicidad y reuniones agradables.

CARIDAD. Si en sueños eres caritativo con alguna persona, significa que recibirás noticias desgraciadas. Si eres tú quien recibe caridad de alguien, tendrás el afecto de tus amigos.

CARNAVAL. Hallarte en una fiesta de carnaval es indicio de sucesos favorables que te proporcionarán muchas satisfacciones. Si por desgracia, te emborrachas en la fiesta, sería motivo de perjuicios en tus intereses.

CARNE. Comer una carne sabrosa significa satisfacciones en tu vida; en cambio, si la comes cruda o en mal estado, es aviso de amarguras.

CARNERO. Si sueñas con carneros, señala que, al contraer matrimonio, tu marido o tu esposa no te hará feliz en el nuevo estado.

CARRETE. Si el carrete tiene el hilo o cordón bien enrollado, un amigo te brindará pronto ayuda para realizar un negocio. Por el contrario, si el hilo se viera revuelto y sucio, indica que sufrirás habladurías por parte de tu familia.

CARRILLO. Unos carrillos gordos y colorados son una señal de dichas. Si, son flacos y pálidos, pronóstico de mengua en los negocios.

CARROZA. Viajar en una carroza indica riquezas.

CARTA. Escribirla o recibirla, es una indicación de prontas noticias de familiares o amigos que serán motivo de alegría. Si se trata de cartas de la baraja, los ases indican triunfo; los reyes, protección; los caballos, envidia de amigos; las sotas, rivalidades; los oros, buenos negocios; las copas, un gran afecto; las espadas, enfermedad leve, y los bastos, un aumento de dinero.

CARTERA. Si sueñas que te encuentras una cartera, pronostica que puede presentársete un caso extraño o misterioso.

CARTERO. No tardarás en recibir gratas noticias de una persona querida.

CASA. Soñar que eres propietario de varias casas anuncia penuria; edificarla, contrariedades y verla temblar, pérdida de bienes o pleitos.

CASADO. Si en la vida real eres soltero y sueñas que estás casado, pronto conocerás a una persona que te impresionará gratamente.

CASCADA. Es el anuncio de un matrimonio feliz.

CASCO. Llevarlo puesto es augurio de vanas esperanzas. Si sueñas con muchos cascos significa que habrá de discordias entre la familia.

CASTAÑA. Comer castañas en sueños augura éxito en los negocios. Si las ingieres asadas, significa gratas reuniones y comidas.

CASTAÑUELAS. Tanto tocarlas como oírlas sonar es una señal de frívolas distracciones.

CATACUMBAS. Grato augurio de que te librarás de un mal que ha venido preocupándote desde hace tiempo.

CATÁLOGO. Si sueñas que tienes un catálogo entre las manos, confía en una mejora de tu estado actual, en particular tratándose de dinero.

CAZAR. Si eres tú el cazador, tendrás motivos de satisfacción. Si cobras muchas piezas, es el momento oportuno para emprender negocios.

CAZO. Si el cazo está lleno de comida, es señal de felicidad en tu trabajo, pero si está vacío y quien sueña con él es una persona viuda, pronto se volverá a casar.

CEBOLLA. Comer cebollas es indicio cierto de contrariedades.

CEDRO. Indica una vejez feliz, amado por tus familiares y estimado por tus amigos.

CEGUERA. Si sueñas con un ciego de nacimiento, deberás desconfiar de algún amigo que te rodea. Si eres tú el ciego, será necesario que te cuides la vista, ya que puede que tengas problemas de visión.

CELOS. Si los celos, al soñar con ellos, son por causa de una persona amada, es aviso de que saldrás adelante de las dificultades que actualmente tienes en cuestiones amorosas. Si alguien los siente de la persona que sueña, augura que serás víctima de una mala acción.

CEMENTERIO. Hallarse en un cementerio augura una vida futura llena de paz y consideraciones.

CENA. Compartir una cena en compañía de varias personas te anuncia que pronto tendrás alegría y bienestar. Si cenas solo, será una señal de situaciones difíciles.

CENIZAS. Soñar con ceniza es de mal augurio. Un allegado tuyo sufrirá una grave enfermedad, que puede terminar en su muerte.

CEPILLO. Indica que perderás buenas oportunidades de mejora en tu trabajo.

CERA. Si es blanca, significa una agradable reunión para tratar de una boda próxima. Si es negra, indica herencia; si es de color rojo, pronostica malos negocios.

CERDO. Augura enfermedades y penas.

CEREALES. Si lo que comes es trigo, maíz, avena, etc., tendrás inesperadas ganancias en tus negocios.

CEREZAS. Verlas significa dicha y placer; comerlas, tener buenas noticias.

CERRADURA. Ten cuidado de que no te roben.

CERVEZA. Beber un vaso de cerveza es augurio de fatiga y cansancio; pero si tomas varios vasos, sin llegar a emborracharte, será el anuncio de un reposo y una tranquilidad que te habrás ganado.

CHACAL. Soñar con este hediondo animal significa que debes ser tú mismo quien ha de resolver tus problemas, sin contar con ninguna otra persona.

CHAL. Llevar un chal blanco o de colores vistosos indica disgustos pasajeros; si, en cambio, es negro o de colores oscuros, es augurio de pesares y lágrimas. Si sueñas que lo estás comprando, es una señal de un matrimonio inesperado. Si lo estás vendiendo, te traerá molestias y contratiempos.

CHALECO. Procura evitar despilfarros de dinero, con lo cual acrecentarás tu fortuna. Gastarlo tontamente te llevará a la ruina.

CHAMPÁN. Soñar con champán indica que no debes despilfarrar tu dinero, pues corres el riesgo de perder lo que tienes.

CHAMPIÑÓN. Tanto si sueñas que los comes como si los ves comer, te están anunciando una larga y venturosa vida.

CHARLATÁN. Verlo y oírlo en una plaza pública significa que habremos de tener prudencia en el caso de que llegásemos a comprar alguno de los productos que ofrece, ya que esto nos aportará disgustos y enfermedades.

CHICLE. Soñar que es uno mismo quien lo mastica es augurio de habladurías y maledicencias. Ver a otra persona masticándolo significa pérdida de dinero.

CHIMENEA. Si está encendida, indicio de gratos placeres; por el contrario si está apagada, es una señal de pesadumbre.

CHINCHES. Prepárate a pasar por una vergüenza que te producirá un grave disgusto.

CHINO. Soñar con un solo chino, es una señal de realizar pronto un agradable viaje. Si haces negocios con él, aumentarás tu prestigio y tus ganancias. Si son varios chinos con los que sueñas, ese mismo negocio puede fracasar.

CHISPA. Ver chispas en sueños no es cosa grata; pero ten en cuenta que, si se tienen escaseces y contrariedades, éstas pronto se transformarán en abundancia y felicidad. Pero has de estar alerta, también puede ser augurio de un incendio.

CHIVO. Ver un rebaño de chivos en tus sueños, presagia una luctuosa noticia de la muerte de un familiar, que te afectará mucho.

CHOCAR. Si caminando por la calle o conduciendo un automóvil, chocas contra otra persona o vehículo, es indicio claro de que debes templar tus nervios, o modo de ser, para evitarte muchas dificultades.

CHOCOLATE. Estar tomando chocolate significa paz, salud y satisfacciones hogareñas.

CHÓFER. Si eres tú quien conduce el automóvil, vaticina penas y contrariedades. Si es otra persona quien lo conduce, acarreará una pequeña aventurilla amorosa.

CHORIZO. Soñar que comes chorizo significa ganancia de dinero.

CHOZA. Hallarse solo en una choza indica descanso y tranquilidad. Si se encuentran en ella también otras personas, significa que pronto entablarás una buena amistad; pero si la choza está abandonada, sufrirás la pérdida de uno de tus mejores amigos.

CICATRIZ. Si sueñas que está abierta, es señal de generosidad y afecto por tu parte. Si está sanando o ya curada, presagia que sufrirás ingratitudes.

CIELO. Un cielo limpio, despejado o lleno de estrellas indica que pronto se realizarán tus anheladas ilusiones. Si está nublado, debe interpretarse como tristeza y melancolía.

CIERVO. Verlo correr es signo de buenas ganancias. Matarlo indica una herencia inesperada.

CIGARRO. Si está encendido, denota amistad. Apagado, indica contrariedades.

CIGÜEÑA. Si la ves volando, procura guardarte de enemigos que quieren hacerte daño. Si está posada en el suelo, deberás ser más cuidadoso en tu trabajo o negocio. En caso de verla emparejada con otra, dicha amorosa.

CINE. Si, al ver una película, apareces en ella, procura recurrir a tu buen sentido para salir con éxito de los asuntos que te atañen. Si ves la cámara funcionando, pronto te enterarás de algún secreto.

CINTURÓN. Si sueñas que llevas un cinturón nuevo, es una señal de honores y, tal vez, de un próximo matrimonio. Si es viejo, será presagio de penas y esfuerzos.

CIPRÉS. Soñar con un ciprés es un símbolo de melancolía. Si lo ves en un cementerio, demuestra fidelidad más allá de la muerte.

CIRCO. Soñar con un circo vaticina que los esfuerzos y trabajos que realizas actualmente tendrán un final feliz, aunque no en breve. Sé paciente.

CIRIO. Si está encendido, es augurio de matrimonio; apagado, presagio de una grave enfermedad.

CIRUELAS. Si en tu sueño están maduras, significa que tendrás éxito en tus actuaciones; si están verdes, predicen desilusiones. Comerlas es señal de penas.

CIRUJANO. Soñar que un cirujano opera, INDICA triunfo y felicidad.

CISNE. Si el cisne es blanco, tendrás satisfacciones y salud; si es de color negro, sobrevendrán disgustos familiares. Oírlo cantar presagia la muerte de algún amigo.

CITA. Si la cita con la que sueñas es amorosa, es una señal de placeres, aunque con muchos peligros.

CIUDAD. Si sueñas con la ciudad en que naciste, y te encuentras ausente de ella, tendrás un día de pesar y melancolía. Si te extravías en una ciudad, por desconocer su topografía, tendrás un feliz cambio en tu vida.

CIUDADELA. Este sueño augura que nos asisten la razón y el derecho, por lo que triunfaremos en nuestros asuntos.

CLARÍN. Tocar o escuchar un clarín significa que recibirás una grata noticia que no esperabas.

CLAUSTRO. Has de recelar de alguien que se te presente como buen amigo.

CLAVEL. Si los claveles con los que sueñas son blancos, auguran una feliz ayuda que podrás considerar como una bendición del cielo; de color amarillo, significan envidias por parte de alguien cercano que se considera tu amigo; si son rojos, indican que tu disposición de ánimo es apasionada y sensual. Si eres tú quien lleva un ramo de claveles, asistirás a una boda, tal vez como padrino.

CLAVOS. Soñar con clavos es presagio de habladurías contra nuestro proceder y dignidad; pero si eres tú quien los está clavando, las personas que puedan haberte menospreciado vendrán a excusarse.

COCINA. Si eres tú mismo el que se encuentra en la cocina preparando algún manjar, augura que cometerás un error del que has de procurar guardarte. Ver a otra persona guisar en la cocina es señal de que alguien trata de desprestigiarte.

COCODRILO. Mantente alerta ante alguien, al parecer una persona atenta y decente, que se dice tu amigo y que, en el fondo, es un enemigo y, además, un degenerado.

COJO. Soñar con una persona coja te anuncia que serás invitado a una fiesta donde harás una amistad que podrá favorecerte. Si sueñas que eres tú mismo el cojo, es decir, que cojeas, desengáñate de momento de los proyectos que te habías forjado.

COLA. Soñar con la cola de un animal es indicio de que la persona a quien acabas de conocer no es de fiar. No obstante, si la cola es extremadamente larga, esa amistad te será beneficiosa.

COLCHÓN. Si eres tú mismo quien duerme sobre un colchón nuevo, será motivo de hechos agradables; pero si el colchón está viejo y sucio, demuestra negligencia por tu parte en todos tus trabajos y asuntos; por lo tanto, deberás rectificar tu proceder.

COLEGIO. Soñar que asistes a un colegio significa apoyo y ayuda de amigos. Si, en tu vida real, eres una persona mayor, es una señal de que no te tomas la vida con la seriedad propia de tus años.

COLIBRÍ. La mujer soltera que sueñe con un colibrí y tenga novio conocerá a otro hombre que habrá de ser su verdadero amor. Si ya está casada, sus relaciones conyugales mejorarán notablemente. Si es hombre quien tiene el sueño, es aviso de una aventura amorosa.

COLIFLOR. Soñar con coliflores indica penas amorosas, aunque, afortunadamente, pasajeras. Si las comes, es una señal de chismes dentro de tu propia familia.

COLLAR. Es un signo de maledicencias y calumnias. Si el collar es de oro, augura decepciones; si es de piedras preciosas, indica habladurías de mujeres.

COLMENA. Una actividad en la colmena es augurio de riqueza y prosperidad. Una colmena abandonada indica enfermedad.

COLMILLO. Si pierdes tus propios colmillos por accidente o intervención del dentista, significa la pérdida de parientes cercanos. Si sueñas con colmillos de elefante, es símbolo de prosperidad.

COLORES. El blanco señala paz y armonía. El negro es símbolo de tristeza, melancolía y luto. El azul, de satisfacción y alegría. Si se trata del rojo, anuncia noticias inesperadas y no muy buenas. El color rosa es augurio de sentimientos nobles y amorosos. El verde nos traerá esperanzas. El violeta es símbolo de melancolía.

COLUMNA. Denota constancia y firmeza, cualidades que deberás mantener para triunfar en la vida.

COLUMPIO. Señal inequívoca de un matrimonio feliz.

COMETA. Soñar con un cometa augura felicidad efímera.

COMEZÓN. Sentir comezón por todo el cuerpo es presagio de dinero.

COMIDA. Estar comiendo en una mesa llena de ricas viandas es el anuncio de íntimas satisfacciones. Si los platos que se ingieren son los que se sirven en un hogar humilde, es signo de adversidades. Comer solo indica pérdida de prestigio, pero si te hallas acompañado de familiares y amigos, te esperan agasajos y honores.

COMPÁS. Soñar con este instrumento tiene un significado magnífico, ya que es el anuncio de una vida feliz, sana y ordenada.

COMPRAS. Soñar que se va de compras es señal de alegría y felicidad.

CONCIERTO. Soñar que escuchas un concierto es un signo de bondad y sentimientos delicados. Vaticina una grata convalecencia para los enfermos y una salud inalterable para las personas sanas.

CONDECORACIÓN. Recibir condecoraciones en forma de cruz cristiana es indicio de alegría y honores. Si se tratase de una cruz gamada, señal de violencia y adversidades.

CONDENA. Si esta proviene de un juez, es un lamentable aviso de que se halla en peligro la paz y la tranquilidad de tu matrimonio.

CONEJO. Soñar con conejos blancos significa salud y fortuna; pero si son de color negro, el sueño te será contrario.

CONFESIÓN. Confesarte ante un sacerdote es un grato augurio de restablecimiento en la enfermedad que te aqueja.

CONSERVAS. Si sueña con botes de conservas, deberás no ser tan pródigo atendiendo males ajenos. La caridad es buena, pero con mesura.

CONSULTA. Si sueñas que consultas con un abogado, protege tu dinero; si es con un médico, cuida de tu salud.

CONTRABANDO. Soñar que estás metido en asuntos relacionados con una operación de contrabando te augura inesperadas ganancias; pero si son otras personas las que intervienen en él, debes estar prevenido contra desengaños y peligros que ignoras.

CONTRATO. Si el contrato que se firma es para alquilar una casa, significa que tendrás razones para la alegría y prontas noticias de satisfacciones. Si los haces firmar, también será motivo de prosperidad.

CONVALECENCIA. Si sueñas con tu propia mejoría de salud, indica boda próxima o herencia.

CONVENTO. Si en tu sueño estás recluido en él, tendrás paz y te ganarás el afecto de tu familia y amigos. Si te hallas en una celda de castigo o de penitencia, recibirás noticias satisfactorias respecto a un caso que te ha venido preocupando desde hace tiempo.

CONVIDADOS. Estar en una fiesta rodeado de invitados, que nos miman y adulan, nos recomienda prudencia a la hora de alejarnos de aquellos a quienes, en sueños, podemos reconocer.

COPA. Soñar con copas es un buen augurio, ya que pronostica desaparición de las dificultades que nos agobian. Pero debes procurar alejarte de la supuesta amistad de algunas personas que te rodean y solo buscan su propio interés.

CORAZÓN. Es augurio de que sufrirás una enfermedad. Si quien sueña con él está enamorado, será traicionado por la persona que ama.

CORBATA. Si sueñas que te la estás poniendo, te anuncia una enfermedad. Ten cuidado con los enfriamientos.

CORCHO. Aunque solo sea un tapón de corcho de una botella con lo que sueñas, significa que, con tu recto proceder, sacarás de apuros a tus familiares.

CORDERO. Si en tu sueño apareces como propietario de un rebaño de corderos, pronto recibirás consuelo a tus aflicciones.

CORONEL. Soñar con un coronel es augurio de gloria.

CORRAL. Si eres tú quien lo cuida, recibirás un premio justo a tu laboriosidad. En cambio, si no te ocupas de él, lograrás un amor que puede ser correspondido.

CORREA. Si sueñas que te la ciñes, procura tener cuidado con los amigos. Si, por algún motivo, te la quitas, significa que sufrirás contratiempos.

CORREO. Entrar a una oficina de Correos para recoger alguna carta será presagio de que la mujer a la que amas no te corresponde en sus amores.

CORRER. Hacerlo detrás de un enemigo o asaltante te aportará beneficios en tus asuntos. Ver correr a la gente indica discusiones y disgustos.

CORTAR. Todo cuanto cortes en sueños es augurio de contrariedades. Tendrás que estar prevenido para evitar males mayores.

CORTEJO. Soñar con un cortejo es señal de ceremonias y reuniones agradables. Si el cortejo es nupcial, señala un posible luto en la familia o allegados.

CORTINA. Si las cortinas son lujosas, significan una vida sin preocupaciones; pero si están raídas, traerán miseria. Si sueñas que están entreabiertas, sabrás de algún secreto que saldrá a relucir, aunque este no será de mucha importancia ni trascendencia. Si las cortinas están cerradas, deberás procurar no divulgarlo, ya que podría tener graves consecuencias.

COSECHA. Si eres tú quien recoge una cosecha abundante, has de tener cuidado con futuras pérdidas personales.

COSER. Soñar con una persona que está cosiendo es indicio de avaricia.

COSTAL. Un costal lleno de dinero es señal de un estado monetario difícil. Si estuviera vacío, recibirás un dinero inesperado que mejorará tu situación.

COSTILLAS. Verlas fracturadas indica disputas matrimoniales, pero sanas son augurio de felicidad conyugal y ganancias.

CRIADA. Soñar con alguna criada o persona que esté a tu servicio simboliza desavenencias y privaciones.

CRISTAL. Ver el cristal trabajado en forma de vasos, copas, etc., es señal de amistad y de amor.

CRUCIFIJO. Soñar con un crucifijo augura la partida de un familiar en busca de aventuras, o bien una mejora en tu estado actual.

CRUZ. El símbolo de la cruz para los enfermos es un grato anuncio de mejoría, y el final de arduos problemas, para las personas que los sufren. Si quien sueña con la cruz es un joven, se trata de un aviso de matrimonio próximo; si es un anciano, indica una vejez tranquila.

CUADRO. Soñar con hermosos y valiosos cuadros es indicio de bienestar en tu salud y tu situación. Si representan temas tristes y dolientes, presagian infidelidad.

CUARTEL. Este sueño simboliza amor a la patria.

CUBIERTO. Si los cubiertos son de plata, demuestran ambición por mejorar tu estado actual. Si son de oro, avaricia. Si los robas o te los roban, será motivo de traiciones.

CUCHARA. Soñar con cucharas es augurio de felicidad hogareña. Si son de hierro o simplemente de lata, es una señal de tristeza. Si son de madera, simbolizan pobreza.

CUCHILLO. Si aparece este utensilio, en tu sueño, indica que tendrás disgustos con familiares. Si haces mal uso de él y causa alguna herida a otra persona, pronto te cambiarán de empleo, lo cual será motivo de contrariedades. Si te lesionas con un cuchillo, es señal de una desafortunada elección con quien te hayas prometido para casarte, o bien de desavenencias con tu cónyuge.

CUELLO. Si sueñas que eres tú quien tiene un cuello muy largo, te verás metido en un gran compromiso, cuyas consecuencias tendrás que pagar. Si el cuello es hermoso y suave, te anuncia buenas noticias.

CUENTOS. Si eres una persona mayor y sueñas que estás leyendo cuentos infantiles, tendrás leves contrariedades con alguna gente que te rodea.

CUERDA. Si sueñas que compras una cuerda, indica que tus asuntos no andan bien. Si la vendes, deberás desconfiar de ciertas habladurías. Si la cuerda se encuentra en buen estado, presagia salud y larga vida; gastada o rota, honores y poder.

CUERNO. Los cuernos son un buen augurio de ganancias inesperadas, siempre que se trate de cuernos de animales. Si es uno mismo quien sueña que los lleva en la frente, es un símbolo desagradable, de peligro e infidelidades. Sin embargo, llevarlos en la mano es un excelente presagio de bienestar. Oír tocar un cuerno de caza significa una declaración de amor. Tocarlo, que tendrás pequeños disgustos amorosos.

CUERPO. Verse con el propio cuerpo enflaquecido acarrea problemas y contrariedades en la vida. Si sueñas que tu cuerpo está sano y robusto, simboliza bienestar y riquezas.

CUERVO. Es un sueño de mal presagio. Si ves que se abalanza sobre ti, clavándote sus garras, tendrás que recurrir a los malos oficios de un usurero, en un intento de remediar tu precaria situación. Varios cuervos, son un indicio claro de aflicciones y miserias. Oírlos graznar augura el entierro de un ser querido en un futuro próximo.

CUMBRE. Soñar con la cumbre de algún monte tiene un significado de distinciones y honores en tu trabajo. También puede ser buena señal de consecución de riquezas.

CUNA. La cuna con un niño dentro te advierte que llegarás a tener una numerosa familia; pero si se encuentra vacía, es posible que la futura madre tenga dificultades en su próximo alumbramiento.

CURA. Este sueño es augurio de disgustos familiares. Si se hallan juntos varios curas, te está anunciando la muerte de una persona allegada o de un amigo querido.

D

DADOS. Soñar que juegas una partida de dados te anuncia habladurías de los vecinos o del lugar donde trabajas. Si ves a otros jugar, tendrás motivo para alegrarte en breve del triunfo de algún familiar o bien podría ocurrir que te tocase un buen premio en la lotería.

DAMA. Si la dama con quien sueñas es un dechado de elegancia, augura relaciones engañosas. Si ves a varias damas reunidas, procura guardarte de murmuraciones.

DAMAS. Si sueñas con el juego de las damas, es una señal de malos negocios.

DANZA. Si estás bailando, pronto entablarás una buena y conveniente amistad.

DÁTIL. Símbolo de alegría y de buena salud.

DEDAL. Soñar que llevas puesto un dedal, es el anuncio de bienestar familiar. Si eres una persona casada, señala una herencia.

DEDOS. Si están cargados de anillos, indica orgullo, y esto puede ocasionarte contrariedades. Si sueñas que tienes más de cinco dedos en la mano, predice una herencia. Si los dedos son pequeños o aparecen cortados, presagia la pérdida de familiares o amigos.

DEGOLLAR. No debes preocuparte si sueñas que le cortas el cuello a un semejante, ya que este sueño indica que en la vida real le harás un gran favor con fines benéficos a la persona a quien degüellas. Si, en cambio, alguien te degüella a ti, esa misma persona será quien te ayudará a resolver tus problemas.

DENTISTA. Si lo ves o lo atiendes en tu profesión, serás víctima de engaños.

DERRAMAR. Soñar que derramas vino es un símbolo de alegría. Otros líquidos, sin embargo, indican tropiezos en tu trabajo o negocio.

DESAFÍO. Este sueño vaticina problemas familiares o rivalidades entre parientes o amigos.

DESAPARICIÓN. Si sueñas que algo se te ha perdido y no lo encuentras, recibirás una visita inesperada; además, verás cómo encuentras algo que buscabas y dabas por perdido para siempre.

DESAYUNO. Soñar que estás tomando el desayuno significa alegría y contento en una reunión familiar o de amigos que tendrá lugar muy pronto.

DESAZÓN. Este sueño indica que te sobrevendrá una desgracia que, afortunadamente, no tardará en transformarse en alegría.

DESCONOCIDO. Ver en sueños a una persona desconocida es augurio de un feliz éxito en el trabajo o negocio.

DESESPERACIÓN. Este sueño presagia mucha alegría y felicidad.

DESFILE. Si soñamos con un desfile de soldados o de personas en general, es un signo de amistad entre los amigos.

DESIERTO. Caminar por un lugar desierto indica fatigas. No obstante, no debes desanimarte, para lograr el triunfo.

DESMAYO. Si sueñas que te desmayas, es un síntoma de pensamientos voluptuosos.

DESNUDO. Soñar que estás en completa desnudez es una señal de la llegada de una enfermedad y de una mala situación. Si sueñas con un hombre desnudo, denota intranquilidad durante unos días; si se trata de una mujer, desengaños; si es un pariente o amigo, discordia.

DESORDEN. Ver la casa en desorden significa disgustos pasajeros. Si eres tú quien lo produce, tendrás inconvenientes y sinsabores.

DESPEDIDA. No es grato tener este sueño. Casi siempre es una señal de contrariedades y malas situaciones.

DESPENSA. Es mal augurio soñar con una despensa, ya que indica que una persona de tu mayor afecto sufrirá una grave dolencia.

DESPERTAR. Si sueñas que estás dormido y viene alguien a despertarte, deberás considerar esto como un aviso de que te darán un gran disgusto.

DESTIERRO. Hallarte en el destierro es un buen augurio, a pesar de la gente envidiosa que te rodea.

DEUDA. Tener deudas en sueños simboliza que pronto recibirás grandes beneficios.

DÍA. Soñar con un día claro y sereno te anuncia alegría y satisfacciones durante toda la jornada. Al contrario, si el día es gris o lluvioso, tu ánimo amanecerá pesimista, y tal estado no es precisamente una buena señal para emprender trabajos ni negocios.

DIABLO. Es uno de los peores sueños que podemos tener. Sea cual sea la forma en que soñemos con él, puede ser causa de que te roben, o te den una mala noticia a alguien de tu entorno le ocurra un accidente. ¡Dios nos libre de tal sueño!

DIAMANTE. Si lo llevas, te pronostica una grave pena moral. Si lo llevan otras personas, es señal de paz y tranquilidad. Encontrarlos significa inquietudes; perderlos, ganancias y regalos.

DIARREA. Sufrir tú mismo la diarrea es indicio de que habrás de gozar de un dinero que recibirás inesperadamente. Si es otra persona quien está atacada de este mal, indica que a esta le tocará la lotería.

DIBUJO. Si eres tú el que dibuja o bien ves que lo hace otra persona, solo es señal de amor y afición a las bellas artes.

DICCIONARIO. Verlo abierto significa dedicación a las ciencias. Si está cerrado, procura no dejarte llevar por los consejos de otras personas.

DIENTES. Unos dientes sanos son señal de alegría y de buenas amistades. Si sueñas que te los arrancan, recibirás malas noticias; si los ves arrancar a otros, indica amistades torpes e interesadas. Desde luego, unos dientes picados auguran una enfermedad.

DILUVIO. Siempre es presagio de contrariedades, desgracias familiares y pérdidas en los negocios.

DIMITIR. Soñar que dimites de un empleo o cargo es una señal de bienestar y aumento de ingresos.

DINERO. Si sueñas que lo estás contando, pronto tendrás grandes ganancias en tus negocios. Si te lo encuentras, es indicio de su futura escasez.

DIOS. Si soñamos que se le pide ayuda a Dios, tendremos un dulce consuelo de nuestras penas y mejoras en nuestra salud y trabajo.

DIOSA. Ver a una diosa significa contrariedades.

DIPUTADO. Si sueñas que eres diputado, indica que pronto serás objeto de ingratitudes y penalidades.

DISCURSO. Este sueño te dice que no pierdas el tiempo en promesas y palabrerías que a nada habrán de conducirte.

DISFRAZ. Verse disfrazado en una fiesta es señal de alegría momentánea. También indicio de conquistas amorosas.

DISGUSTO. Si sueñas que te sientes disgustado o enojado, puedes achacarlo a un exceso de nerviosismo por tus preocupaciones y trabajo. Procura tomarte un buen descanso en vacaciones.

DISLOCAR. Si soñamos que en un accidente nos dislocamos un miembro, anuncia la pérdida de dinero. Seamos cautos.

DISPUTA. Si se produce entre hombres, señal de envidias procedentes de familiares o amigos. Si es entre mujeres, molestias.

DIVERSIÓN. Ándate con cuidado si sueñas con diversiones, ya que por afición a ellas podrás perder un buen negocio.

DIVORCIO. Es un presagio de celos e intrigas conyugales en el hogar; si queremos ser felices en nuestro matrimonio, tendremos que esforzarnos para conseguirlo.

DOCTOR. Si el doctor entra en nuestra casa para atender a un enfermo, significa que algo negativo puede alterar nuestra vida.

DOLOR. Si sueñas que sufres algún dolor, recibirás noticias del estado delicado de un familiar.

DOMADOR. Este sueño anuncia éxitos pasajeros.

DOMINÓ. Soñar que juegas al dominó indica placeres y diversiones.

DORMIR. Si es una mujer quien duerme con un hombre feo y desagradable, augura tristezas y enfermedades. Si se trata de un joven guapo y apuesto, señala desengaños. Si es un hombre el que duerme con una mujer bella y agradable, indica traiciones. Si duermes con tu esposa, tendrás malas noticias.

DOSEL. Soñar que estamos bajo un dosel significa dejadez y abandono por nuestra parte, lo cual puede ser causa de infortunio en nuestra vejez, si no procuramos rectificar nuestra vida.

DOTE. Este sueño es un buen augurio de dicha conyugal.

DRAGÓN. Si soñamos con un dragón, nos indica que un amigo que ha llegado a alcanzar poder y dinero, tanto en los negocios como en la política, nos tenderá la mano para ayudarnos desinteresadamente.

DULCE. Comer dulces es signo de amarguras. Si sueñas que los ofreces a otra persona, indica favores y atenciones por parte de los amigos. Si es a ti a quien se los ofrecen, recibirás noticias agradables.

DUQUE. Soñar con una persona que ostenta el título de duque es un símbolo de protección eficaz. En cambio, si se trata de una duquesa, te enamorarás de alguien que solo te aportará humillaciones.

E

EBANISTA. Soñar con una persona que se dedica a fabricar muebles de ébano y maderas finas indica peligro y pérdidas económicas.

ECO. Si eres tú quien oye tu propia voz, pronostica un suceso favorable. Si el eco procede de otra persona, será una señal de maledicencias. Procuremos cuidar nuestra salud.

EDAD. Soñar con una persona anciana indica ternura. Si confiesas tu edad, es augurio de una nueva y buena amistad. Por el contrario, si la ocultas, perderás uno de tus mayores afectos.

EDIFICIO. Este sueño significa que debes procurar cumplir con tus compromisos.

EJECUCIÓN. Ver ejecutar a un reo nos augura la ayuda de una persona que nos aprecia.

EJÉRCITO. Si el ejército que ves en tus sueños demuestra orden y disciplina, podrás contar con buenas amistades. Si te ves huir derrotado, puede que sufras una afrenta, que debes perdonar para evitar males mayores.

ELECTRICIDAD. Este sueño significa un amor que te causará adversidades. Cuidado.

ELEFANTE. Soñar con un elefante predice una enfermedad grave. Si vas montado en él, es indicio de esfuerzos y trabajos con los cuales alcanzarás fama y prestigio.

EMBAJADOR. Si eres tú quien ocupa este cargo, realizarás un viaje. Verlo, significa que asistirás a una agradable
fiesta entre amigos.

EMBALAJE. Es un signo de buen augurio para tu trabajo
o negocio.

EMBALSAMAR. Soñar con embalsamamientos predice
una enfermedad larga y penosa.

EMBARAZO. Soñar con una mujer encinta es una señal
de penas y contrariedades. Pero en el caso de que uno sueñe
que la mujer en tal estado es su esposa, amiga o pariente, las
penas serán para ella.

EMBARCACIÓN. Si esta se desliza por aguas apacibles,
indica éxito en tu trabajo. Si las aguas se encuentran agitadas,
es una señal de disgustos y discordias.

EMBARGO. Si sueñas con un embargo y, en la vida real,
estás amenazado por él, procura pagar pronto tus deudas para
no verte metido en desagradables procesos judiciales.

EMBOSCADA. La persona que sueñe que cae en una
emboscada deberá tomar precauciones respecto a sus bienes.

EMBUDO. Vigila tu negocio o intereses, ya que estás expuesto a que uno de tus empleados o servidores te roben.

EMPEÑO. Si por tu situación acudes a una casa de em-
peños con alguna de tus pertenencias, procura rectificar tu
modo de ser y obrar, ya que este sueño demuestra que no eres
una persona juiciosa y previsora, y que a la larga acabarás en
la miseria.

EMPERADOR. Soñar con un emperador o hablar con él
señala preocupaciones y contrariedades.

EMPERATRIZ. Soñar con una emperatriz es un signo de pérdida de empleo, de reputación y de dinero.

EMPLEO. Si sueñas que estás buscando empleo, es un indicio de padecer dolores. En caso de conseguirlo, tendrás que enfrentarte a diversos obstáculos. En cambio, si lo pierdes, obtendrás ganancias.

EMPUJAR. Soñar que alguien te empuja es una advertencia de que un amigo trata de perjudicarte. Si eres tú quien empuja a otra persona, procura rectificar tu carácter o tendrás que arrepentirte.

ENANO. Si sueñas con un enano, te está anunciando que no debes fiarte de uno de tus empleados o sirvientes, que trata de robarte.

ENCAJE. Ver o poseer encajes significa que muy pronto, y de forma satisfactoria se realizarán tus proyectos amorosos y mejorará tu posición.

ENCENDEDOR. Está en puertas un lance de amor que te causará algunas contrariedades. Ten cuidado.

ENCINA. Ver en sueños una encina frondosa es señal de una larga vida y de riquezas. Si la encina está sin hojas, indica ruina. Verla derribada presagia una pérdida de dinero.

ENEMIGO. Soñar con un enemigo es augurio de penas, por lo que deberás controlar tus amistades.

ENFERMERA. Indicio grato de salud y bienestar.

ENFERMO. Si eres tú quien está enfermo, este sueño es una señal de dolor, tristeza y traiciones. Visitar a un amigo que se halla postrado en el lecho a causa de una enfermedad augura gratos goces familiares.

ENREDADERA. Si la enredadera está en tu casa, significa relaciones amorosas. Si estuviera seca, es una señal de pena a causa de una noticia que te afectará íntimamente. Si sueñas que la arrancas, habrá discusiones conyugales.

ENSALADA. Preparar o comer una ensalada presagia dificultades en la familia.

ENTIERRO. Asistir a un entierro augura el próximo casamiento de un pariente o gran amigo. Si sueñas que es a ti mismo al que entierran, estando todavía vivo, es pronóstico de una terrible desgracia.

ENVOLTORIO. Tendrás que cuidarte de una persona celosa que te vigila constantemente.

EQUIPAJE. Si sueñas que el equipaje se encuentra roto y maltratado, señala una vejez prematura. Si, al contrario, está nuevo, indica irresponsabilidades juveniles.

ERMITA. Predice la inesperada traición de una persona a quien consideras uno de tus mejores amigos.

ESCALERA. Verla es señal de mejoras en tu trabajo o negocio. Subir por ella también señala bienestar en tu situación actual. Descender, por el contrario indica que deberás cuidar tu salud.

ESCAMAS. Soñar con escamas de pescado denota falsa prosperidad y mengua de tus ilusiones.

ESCARABAJO. Es de buen agüero soñar con este animal, ya que indica mejoras en tu vida, como justo premio a las deferencias y favores que has prodigado entre tus amistades.

ESCARAPELA. Si no rectificas tu conducta y modo de ser, tu torpe vanidad te aportará muchos perjuicios.

ESCLAVO. Si sueñas que tú mismo eres un esclavo, deberás considerarlo como el feliz anuncio de próximas y valiosas relaciones con personas que habrán de ayudarte.

ESCOBA. Soñar con una escoba es un símbolo de habladurías y comadreos, de los que tendrás que alejarte para evitar verte envuelto en sinsabores y perjuicios.

ESCRIBIR. Si sueñas que escribes un libro, sentirás una apatía inexplicable, de la que saldrás en cuanto te esfuerces un poco por vencerla. Si lo que escribes son cartas, tendrás próximamente agradables noticias.

ESCRITOR. Ver en sueños a un escritor significa fracaso en los negocios y pérdida de dinero. Si sueñas que tú lo eres, es indicio de miseria, vanidad y esperanzas vanas.

ESCUDO. Es un mal sueño, pues indica una amenaza de citación judicial próximamente.

ESCUPIDERA. Si sueñas con una escupidera, pronto tendrás la satisfacción de reanudar una vieja amistad.

ESCUPIR. El acto de escupir augura pobreza y contrariedades. Si en el sueño escupes a otra persona, indica desprecio por parte de los amigos.

ESMERALDA. Soñar con esmeraldas es augurio de buena salud y brillante porvenir.

ESPADA. Empuñar una espada es una señal de éxito y prosperidad en tus negocios. Si simplemente sueñas con ella, te sobrevendrá un gran disgusto. Si otra persona te hiere con una espada, indica conflictos morales.

ESPALDA. Si eres tú mismo quien sueña con tu espalda, habrán de sobrevenirte infortunios irremediables.

ESPÁRRAGOS. Cultivar espárragos es indicio de bienestar. Si solo los ves, llevarás a cabo un viaje muy agradable. Tanto cultivarlos como venderlos conlleva felicidad y alegría. En cambio, si los plantas y los recoges, deberás tener cuidado con los asuntos amorosos.

ESPEJO. Tanto soñar con un espejo como verte en él señala falsedad y traición por parte de parientes o amigos.

ESPINACAS. Verlas es un símbolo de salud; comerlas, lo es de bienestar hogareño. Sin embargo, limpiarlas indica una enfermedad.

ESPINAS. Soñar con espinas es uno de los sueños más desagradables. Auguran habladurías que pueden perjudicarnos.

Al mismo tiempo, son una amenaza de pérdida de nuestro empleo, de nuestra salud y de nuestros negocios. No obstante, deberás revestirte de voluntad y de fortaleza, para tratar de salir airoso y triunfante de estas predicciones.

ESPONJA. Si uno sueña con esponjas, deberá rectificar su proceder actual en lo que se refiere a su avaricia, ya que puede acarrearle funestas consecuencias.

ESPOSA. Ver en sueños a la esposa significa paz, descanso y una vida dulce.

ESPUELA. Soñar con espuelas nos avisa de que tenemos que procurar no ser tan negligentes en nuestros asuntos, ya que esto será motivo de muchas dificultades.

ESPUMA. Este sueño indica que, con tu constancia y esfuerzo, lograrás que tus anhelos y deseos se cristalicen, para obtener el ansiado "sí" de la persona a quien amas.

ESQUELETO. Si sueñas con un esqueleto, es un indicio de larga vida para ti. Nunca debes temerle a la muerte, pues la muerte es vida.

ESTABLO. Soñar con él es un símbolo de opulencia y de un matrimonio próximo.

ESTAMPA. Soñar con estampas bonitas y bien dibujadas o grabadas es augurio de aflicciones y penas. Pero si son desagradables y mal hechas, indican placeres y alegrías.

ESTANDARTE. Llevarlo significa ganancias y honores.

ESTANQUE. Como en todos los sueños en que se vea agua, si esta es clara recibirás agasajos de buenos amigos. En cambio, si es turbia, sufrirás desengaños y contrariedades.

ESTATUA. Si la estatua representa a una bella mujer, simboliza dicha y placeres. Si es de un hombre, nos traerán desgracia y pesadumbre. Si alguna de ellas te habla, te avisa de que debes recordar a tus seres queridos ausentes.

ESTIÉRCOL. Soñar con estiércol es una señal de abundancia, tanto en salud como en dinero.

ESTÓMAGO. Te duela o no te duela el estómago, soñar con él indica que estás malgastando tus bienes y que debes escuchar los consejos de las personas que te guían y tratan de llevarte por el buen camino.

ESTORNUDO. Estornudar en sueños es una señal de inteligencia y de larga vida.

ESTRECHEZ. Vestidos, sombreros o calzado que soñemos que nos vienen estrechos significan carencia de medios y de dinero para remediar nuestra precaria situación. Pero nunca debemos desanimarnos, pues con el trabajo y un buen comportamiento, seguramente mejoraremos nuestro estado actual.

ESTRELLAS. Ver resplandecer las estrellas en el firmamento es un indicio de felicidad, prosperidad, amor, salud y cuanto bueno y hermoso pueda desear el hombre. Lucirlas sobre la frente presagia éxito, viajes agradables y noticias que nos llenarán de alegría.

ESTRIBOS. Soñar con ellos indica noticias buenas y placenteras.

ESTUDIANTE. Si sueñas con estudiantes, recibirás una noticia infausta de un ser querido.

ESTUFA. Si sueñas con una estufa, debes prepararte para desembolsar dinero por unos gastos inesperados.

EXAMEN. Soñar que te presentas a un examen significa que te sobrevendrán trabajos inesperados, pero tu labor será recompensada con largueza.

EXCREMENTO. En la interpretación de los sueños, por regla general, parece increíble que todo cuanto signifique maldad, fealdad, porquería, desaliño, dificultades y mortificaciones sea augurio de cosas, sucesos y situaciones de gratas premoniciones; este caso concreto de soñar con excrementos indica prosperidad, éxitos, dinero, honores, dulces amoríos, firmes amistades y todo cuanto de bueno pueda desear y apetecer el hombre.

EXCUSAS. Trata de rectificar tu conducta, para evitar que la gente que te rodea esté tramando engaños contra ti y tus allegados.

EXEQUIAS. Soñar con exequias es una señal de fortuna que nos llegará por herencia o por un matrimonio ventajoso.

EXILIO. Partir hacia el exilio, a pesar de nuestro dolor, significa éxito, sin importar los inconvenientes que puedan presentársenos. No obstante, si uno se expatría voluntariamente, tal vez habrá de arrepentirse.

EXPOSICIÓN. Si la exposición es de obras de arte, infundirá alegría en nuestro corazón. Otras exposiciones menos gratas son augurio de muerte para algún familiar o amigo.

EXTRANJERO. Soñar que recibimos a una persona extranjera en nuestra casa simboliza paz y amor. La hospitalidad es como una grata demostración de amor y de paz entre los humanos.

F

FÁBRICA. Si una persona sueña que es propietaria de una fábrica, es un anuncio de que recibirá beneficios.

FACHADA. Soñar con la fachada de un edificio bello o moderno indica que tus ilusiones y deseos no tardarán en cumplirse. Si la fachada es de algún edificio religioso, recibirás noticias de que un familiar o amigo, que estaba enfermo, ha entrado ya en franca mejoría.

FAISÁN. Este sueño te anuncia honores y buena salud.

FAJA. Si eres tú quien la usa, es una señal de que habrás de protegerte de habladurías que pueden perjudicarte, así como de una enfermedad de carácter maligno.

FAMILIA. Si ves en tu sueño a toda la familia reunida, vaticina bienestar y estabilidad material.

FANTASMA. Es de buen augurio soñar con un fantasma que lleva una túnica blanca, pues representa salud y alegría. Si su túnica es negra, te amenazan contrariedades y traiciones. Si sueñas con muchos fantasmas, se presagian angustias y penalidades.

FARDO. Cargar con un fardo augura penosos trabajos.

FARO. Si lo contemplas a lo lejos, protégete de tus enemigos. Si te hallas dentro de él, indica que es una buena oportunidad para emprender cualquier empresa o negocio.

FAROL. Llevar en la mano un farol de luz blanca augura éxitos; pero si el farol despide luz roja, recibirás noticias que te causarán disgustos.

FATIGA. Si sueñas que te encuentras muy fatigado, pronto tendrás una justa recompensa a tu dedicación y trabajo.

FAVOR. Soñar que solicitas un favor de una persona pudiente y encumbrada es un signo de fracaso. Si pretendes los favores de una hermosa mujer, recibirás desprecios. Recibirlos de una amante te traerá una íntima alegría aunque de corta duración.

FERIA. Hallarte en una feria es un augurio de necesidades, desazones y problemas familiares.

FERROCARRIL. Si sueñas que viajas en ferrocarril, significa que lograrás lo que deseabas; pero si choca y descarrila, tus deseos se verán malogrados.

FICHA. Si las fichas son de las que se usan en algunos juegos, tanto tú como tu familia os veréis envueltos en chismes y habladurías.

FIDEOS. Soñar que los comes augura que dentro de poco tiempo harás un viaje.

FIEBRE. Si tiene fiebre la persona que sueña, es un indicio de penas y sinsabores.

FIERA. Verse acorralado por animales salvajes significa que algún enemigo trata de causarte mucho mal.

FIESTA. Soñar que te hallas en una fiesta y eres tú mismo quien la ofrece, es indicio de habladurías y desagradecimiento. Si asistes a ella como invitado, tendrás una alegría pasajera.

FIRMA. Estampar tu firma en sueños en algún documento es un mal augurio en asuntos de tu trabajo.

FÍSTULA. Si sueñas que tienes una fístula, no tardarás en recibir visitas desagradables, a las que tendrás que atender.

FLAUTA. Significa un fracaso en cuestiones de pleitos.

FLECHA. Soñar con flechas indica, por regla general, llegada de disgustos, contratiempos y adversidades.

FLORERO. Si sueñas con un florero lleno de flores, recibirás gratas noticias de familiares. Si está vacío o con flores mustias, las noticias no te serán muy agradables.

FLORES. Verlas bellas y lozanas es una señal de próximos amores. Si están marchitas, desengaños por amoríos frustrados. Si son de papel, plástico o cera, la decepción amorosa será mucho más desagradable. Cortadas, son un indicio de triunfos sentimentales que te proporcionarán gran felicidad, y si las hueles, será el anuncio de que pronto recibirás noticias.

FLORISTA. Si eres tú la florista, protégete de alguna persona que trata de desprestigiarte. Si sueñas con una vendedora de flores, recibirás malas noticias.

FLUJO. Si el flujo es de sangre, predice advenimiento de prosperidad y riquezas. Si es de vientre, dificultad en tu trabajo o negocio.

FOCA. Aunque este sueño indica que uno de nuestros mejores amigos trata de meterse en lo que no le importa, no deberemos desconfiar de él.

FORRAJE. Es un buen sueño que nos augura riqueza y amistad.

FORTALEZA. Soñar con una fortaleza nos prepara para tener resistencia y una voluntad firme a la hora de vencer cualquier obstáculo.

FORTUNA. Augura graves peligros y contrariedades.

FÓSFORO. Si soñamos con fósforos o cerillas, debemos estar preparados para una agradable reconciliación con una persona de la que habíamos estado alejados a causa de las habladurías.

FOSO. Si soñamos que saltamos un foso o una zanja, nos indica que nos salvaremos de un grave peligro.

FOTOGRAFÍA. Ver el retrato de una mujer bonita augura acontecimientos positivos que nos traerán beneficios tanto moral como materialmente. Si es de un amigo, debemos esperar encontrarnos con él después de no habernos visto durante mucho tiempo. Si te ves fotografiado, tendrás una vida larga y feliz. Soñar que te ofrecen una fotografía de otra persona augura desengaños y traiciones por parte de los amigos.

FRAMBUESA. Soñar con esta fruta es un signo de buena suerte.

FRASCO. Este sueño te advierte de que debes portarte con la mayor seriedad en una fiesta, a la que pronto estarás invitado, procurando no beber más de lo conveniente para evitar dar un mal espectáculo.

FREÍR. Si sueñas que fríes o estás viendo freír algún alimento, cuídate de las mujeres que puedan complicarte la vida. Si estás comiendo lo que has frito, trata de cuidar de tus bienes.

FRENO. Si el freno es de un caballo, será señal de continuas discusiones con la esposa. Si se trata de frenos de automóvil, indica que debes ser prudente y comedido en tus actos.

FRENTE. Una frente ancha es un signo de que eres una persona que vale. Si la frente es estrecha, deberás contener tus malos deseos o intenciones.

FRESAS. Verlas es sinónimo de una vida apacible. Si sueñas que las comes, tendrás ganancias inesperadas y felicidad; pero si se las ofreces a otra persona, te sobrevendrá una decepción.

FRÍO. Si en tu sueño sientes mucho frío, conocerás a una mujer con la que entablarás una buena amistad, que puede llegar a convertirse en un lazo de matrimonio. Si el frío no fuera muy intenso, se quedará en una simple amistad, aunque llena de afecto.

FRUTA. Verla, recolectarla o comerla, es señal de sencillos goces y pequeños éxitos.

FRUTERÍA. Si sueñas que eres el dueño y tu establecimiento está bien provisto de frutas, pronostica prosperidad y ganancias. Por el contrario, si tu tienda está vacía de mercancía, augura estrecheces y limitaciones de dinero.

FUEGO. Si el fuego con el que sueñas es el dulce fuego del hogar, a cuyo calor se reúne la familia, denota felicidad y bienestar para todos. Si es destructor, supone una señal de violencia, contrariedades y sinsabores. Los fuegos artificiales simbolizan diversiones domésticas.

FUELLE. Soñar que ves o usas un fuelle para avivar, supongamos, un fuego significa que habrá una amenaza de calumnias y maledicencias.

FUENTE. Si de la fuente mana agua es clara, señal de felicidad y alegría. Si el agua es turbia, todo lo contrario.

FUGA. Si sueñas que te evades de una cárcel, es un aviso de que tratas de escapar, en tu vida real, de los perentorios compromisos o responsabilidades que tienes. Debes hacer frente a tus problemas con toda valentía, sin buscar eludirlos con excusas ni falsas soluciones. Puedes vencerlos con ánimo y valor.

FUMAR. Si en el sueño eres tú quien fuma, es una señal de peligro. Fumar un cigarro puro en lugar de un cigarrillo indica una reconciliación con un familiar o amigo de quien estabas separado. Fumar en pipa es augurio de larga enfermedad.

FUNDA. Término feliz de un asunto que te tiene preocupado.

FUNDICIÓN. Es un signo de progreso y opulencia, siempre que trabajes con esfuerzo y dedicación.

FUSIL. Soñar que lo disparas te acarreará disgustos.

FUSILAMIENTO. Si ves fusilar a alguien, pronto llegarán a tus oídos noticias de algún caso o suceso que habrá de mortificarte. Si sueñas que te fusilan, recibirás una mala noticia que esperabas.

GAFAS. Soñar que las compras para tu uso personal quiere decir que te llegarán noticias desagradables que te sumirán en el mayor desconcierto. Si te ves a ti mismo usándolas (las lleves o no en la vida real), desconfía de una persona que se dice tu amigo y puede perjudicarte.

GAITA. Soñar que uno toca la gaita es augurio de una mala noticia, que más tarde redundará en inesperados beneficios.

GALEOTE. Este sueño indica que deberás tener valor y presencia de ánimo en un asunto difícil, que puede presentársete. Si sueñas que el galeote se evade de la galera, anuncia rencillas familiares.

GALERA. No tardarás en recibir un gran favor.

GALLETA. Si sueñas con galletas, pronostica salud y buena fortuna.

GALLINA. Si cacarea, es una señal de disgustos familiares; si pone huevos, recibirás beneficios; si se encuentra rodeada de sus polluelos, tendrás pérdidas; si sueñas que comes su carne, pronto te pagarán una deuda.

GALLINERO. Soñar que el gallinero está vacío vaticina miserias; pero si está lleno de gallinas, es indicio de éxitos.

GALLO. El canto del gallo pronostica triunfos. Si soñamos que nos lo comemos, no tardaremos en salir de nuestros problemas.

GALÓN. Si se trata de un galón que sirve como adorno, quiere decir que deberás rectificar tu carácter si no quieres verte despreciado.

GALOPAR. Si el caballo en el que galopas es blanco, recibirás satisfacciones. Si es de color negro, vencerás un peligro que te acecha.

GAMO. Matar un gamo es signo de éxito. Verlo corriendo por el bosque augura una vida feliz y apacible.

GANADO. Si la persona que cuida del ganado es pobre, significa que recibirás alegrías y beneficios; si quien lo guarda es una persona rica, es una señal de desavenencias.

GANGRENA. Si sueñas que eres tú mismo quien sufre este terrible mal, procura tomar medidas para evitar volver a padecer una vieja enfermedad que ya considerabas curada. Si es otra persona la que tiene gangrena, indica pérdida de amistades.

GANSO. Soñar con un ganso es una señal de pleitos familiares.

GARBANZO. Si eres tú quien los come, es augurio de riñas y desavenencias entre seres queridos.

GARGANTA. Este sueño puede interpretarse como que en la vida real padeces de la garganta y tu mente está obsesionada por el verdadero malestar que sientes. Pero si no es así, se trata de un símbolo de que pronto recibirás buenas noticias.

GARRAS. Soñar con las garras de algún animal te aportará atenciones por parte de compañeros y amigos.

GARZA. Si sueñas con garzas, es una señal de peligro de robo. Si, por desgracia, has perdido un objeto valioso, fracasarás en su búsqueda.

GAS. Si en una estufa el gas está encendido, son buenos augurios. Si está apagado, indica sinsabores. Si en tu sueño hubiera un escape y explotara, es una señal de peligro cercano.

GASA. Soñar con gasas o verse envuelto en ellas significa que resurgirá nuestra modestia natural, que deberemos mantener en el transcurso de nuestra vida.

GASOLINA. Este sueño trae tristezas, ya que si tenemos el deseo, no lo lograremos, y si se trata de un problema será difícil de solucionar.

GATO. Es un sueño de mal augurio, ya que verlo, oírlo maullar o luchar contra él nos anuncia que vendrán desengaños, traiciones, enfermedades y amarguras.

GAVILÁN. Verlo volar es un indicio de que deberás protegerte de algún enemigo que busca tu dinero y tu ruina.

GAVIOTA. Este sueño te avisa de que saldrás de tus agobios e incluso te anuncia un viaje feliz.

GELATINA. Si sueñas con gelatina, es un mal augurio para tu salud, en particular si sufres de los pulmones.

GEMELOS. Si son gemelos de teatro, pronostica un grato bienestar. Si se trata de hijos, es un indicio de fortuna y abundancia.

GENITALES. Si quien sueña con ellos los tiene sanos, es una señal de buena salud. Si están enfermos, significa todo lo contrario. Si se ven más grandes de lo normal, es un signo de fortaleza. En el caso de que un hombre sueñe que tiene el sexo opuesto, es una señal de que será difamado. Vérselos extirpar es un augurio de pleitos con la justicia y de enemistades.

GENTE. Soñar con gente indica que te invitarán a una boda.

GERANIOS. Si sueñas con ellos, deberás tratar de que una persona querida siga por mejor camino, ya que, si no rectifica su modo de ser, podrá traerte muchas contrariedades.

GIGANTE. Soñar con gigantes y monstruos es un signo favorable.

GIMNASIA. Si una mujer sueña que está haciendo gimnasia, le augura felicidad en su matrimonio. Si se sueña con jóvenes que se dedican a practicar ejercicio físico, es un símbolo de alegría, salud y bienestar.

GITANA. No dejes de cuidarte si sueñas con una gitana de las que tratan de decirte la buenaventura, ya que tal sueño puede acarrearte una enfermedad.

GLADIOLOS. Soñar con gladiolos es franca señal de que recibirás la protección de una persona que te estima mucho.

GLOBO. Si el globo es aerostático, reprime de momento tus ímpetus de grandeza. Si fuera de cristal, te traerá desengaños amorosos.

GLORIA. Soñar con la gloria no es motivo para esperar prosperidad, pero sí puede significar éxitos personales debidos a nuestro comportamiento y esfuerzos.

GOLONDRINA. Ver a las golondrinas volar es el anuncio de buenas noticias o visitas de parientes a quienes queremos mucho. Si sueñas con un nido, tendrás alegría y felicidad en tu hogar.

GOLPES. Si en sueños ves que te propinan golpes, es una señal de contrariedades, aunque leves. Si te los han dado por error, recibirás satisfacciones.

GÓNDOLA. Infausto sueño, ya que indica que asistirás al sepelio de una persona querida.

GORRA. Si la llevas puesta, significa que habrá dificultades familiares. Si es uno mismo quien la hace, es augurio de éxito en los negocios.

GORRIÓN. Verlos en sueños indica que debemos reprimir nuestros defectos.

GOTAS. Si las gotas son de agua y brillantes, es una buena señal, ya que son indicio de prestigio personal y crecimiento de tus negocios. Si se trata de la enfermedad de la gota y eres tú quien la sufre, te amenaza un grave peligro.

GRANADA. Una granada roja y madura indica ganancias y dinero; si está verde, significa enfermedad y pesares.

GRANADERO. Tu valor y presencia de ánimo habrán de ponerte a prueba pronto, en un asunto del que saldrás triunfante.

GRANERO. Procura librarte de ciertas tentaciones que solo podrán causarte sensibles perjuicios.

GRANIZO. Si sueñas que ves granizar, es augurio de malas noticias. Si donde graniza es en el campo, esto es un indicio de necesidades y pésimos negocios.

GRANJA. Este sueño es una señal de felicidad para la persona que entra en ella; si la habita, tendrá prosperidad en su negocio o trabajo.

GRANJERO. Ser granjero o dialogar con alguien que lo sea pronostica bienestar en la casa y mejoría en la salud.

GRANO. Los granos de trigo simbolizan alegría y abundancia; si son de arroz, pronostican una magnífica salud; si son de uva, tendrás que imponer tu amor y autoridad sobre un miembro de tu familia dominado por la embriaguez. Si se trata de granos en la piel, procura ser más comedido y no cometer imprudencias ni excesos.

GRASA. Soñar con grasa o sustancias grasientas es una señal de que debes procurar comportarte en tu modo de proceder y no ambicionar ganancias o riquezas ilegalmente, ya que puede acarrearte muchos sinsabores.

GRATIFICACIÓN. Si sueñas que eres quien la recibe, te anuncia que has de ser más liberal y caritativo en tus obras. Si eres quien la da, recibirás un premio a tu amor y desprendimiento.

GRIETA. Si en tu sueño ves una grieta en la tierra o en una pared, encontrarás trabajo o dinero que mejorará tu situación actual.

GRILLO. Oírlo cantar dentro de la casa es una señal de alegría, pero si canta en pleno campo, predice maledicencias.

GRIPE. Es un mal augurio para uno soñar que tiene gripe, ya que pronostica penas y contrariedades.

GRITO. Por regla general, soñar que uno grita u oye gritar indica desgracias, traiciones, pérdidas y falta de salud, tanto en uno mismo como en alguno de sus familiares.

GRUTA. Señala bienestar y éxito, siempre que este sueño no te impresione y trates de separarte de tu familia y amigos.

GUADAÑA. Si sueñas con una guadaña, es un aviso de que debes considerar tu situación con respecto a tu bienestar, adquirido por ganancias poco claras.

GUANTE. Soñar que uno lleva buenos guantes es una señal de felicidad; si están rotos y sucios, tendrás contrariedades. Comprarlos significa que pronto recibirás la visita de una persona a la que tienes afecto.

GUERRA. La guerra augura honores y tranquilidad, siempre que en tu vida real procures tomar precauciones para evitar que alguien ajeno a tu casa y a tu trabajo se inmiscuya en tus asuntos.

GUIJARRO. Líbrate de las proposiciones e intrigas de alguna persona que dice ser tu amigo incondicional.

GUILLOTINA. Ve con cuidado y trata de evitar alguna contrariedad que pueda sobrevenirte. Sé prudente.

GUIRNALDA. Soñar con guirnaldas es un símbolo de fiesta y de una boda próxima.

GUISADO. Si ves o comes un guisado, es un sueño que te recuerda el cumplimiento de tus obligaciones.

GUISANTES. Si simplemente sueñas que los compras, es una buena señal y significa que pronto llevarás a cabo una de tus más deseadas ilusiones. En cambio, soñar que los comes te está advirtiendo de graves problemas.

GUITARRA. Si la tocas bajo la ventana de una mujer amada, serás correspondido en tus amores. Si sueñas con un conjunto de guitarristas, es una señal de prontas y gratas noticias de un familiar o amigo ausente de la patria.

GUSANO. Debes procurar separarte de algún enemigo envidioso.

H

HABAS. Soñar con habas, por lo general, es de mal augurio, ya que es una señal de disputas, riñas, pleitos, deudas, enfermedades y graves complicaciones en nuestra vida.

HABITACIÓN. Si estamos en una habitación que no es la nuestra, deberemos tomar toda clase de precauciones, sin dejarnos llevar ni dirigir por otras personas en los negocios, aspiraciones y deseos que emprendamos, ansiamos y esperamos. Has de ser tú quien los solvente y triunfe.

HÁBITO. Si el hábito que vestimos es nuevo, indica alivio de tus males, en caso de que te encuentres enfermo. Si es viejo y andrajoso, significa una mejora en tu situación actual.

HABLAR. Soñar que nosotros mismos nos escuchamos es una señal de calumnias. Hablar con personas que no conocemos augura inconvenientes familiares. Si hablamos con un amigo, sufriremos ligeras contrariedades.

HACHA. Soñar con un hacha es un signo de amenazas y peligros. Procura no buscar pleitos con nadie, ya que el resultado podría ser lamentable.

HACIENDA. El sueño en el que aparezca una hacienda o un rancho y tus tierras se vean bien cultivadas es una señal de que la suerte te favorecerá en tus trabajos. Por el contrario, si la hacienda se encuentra sin cultivar y abandonada, tendrás penas y desalientos.

HADA. Soñar con un hada anuncia que conocerás a una mujer, de la que debes alejarte si no quieres complicarte la vida.

HAMACA. Mecerse en ella pronostica noticias de una persona que vive lejos. Solamente verla es augurio de un viaje.

HAMBRE. Si sueñas que tienes hambre, es una señal de bienestar y de buena salud, así como de triunfo en los negocios.

HARAPOS. Ir cubierto de harapos es un indicio de que se acaban las penas y los tormentos. Si ves a otra persona harapienta, recibirás la ayuda de un desconocido.

HARINA. Soñar con harina es una señal de abundancia.

HELADO. Si sueñas que tomas helados, te presagia una molesta enfermedad.

HÉLICE. Es una buena señal soñar con ella y, si la ves girar, cuanto más rápido lo haga, mayor será tu felicidad y suerte.

HELIOTROPO. Si sueñas con esta delicada flor, puedes estar seguro de gozar de un dulce amor que alegrará tu vida.

HEMORRAGIA. Indica que debes tener mucho cuidado con tu salud.

HENO. Si el heno se ve fresco y hermoso, es una señal indudable de triunfos, éxitos y dinero. Si estuviese mustio, señala la pérdida de algo que estimabas mucho.

HERENCIA. Si soñamos que la recibimos, nos acarreará pérdida de dinero y dificultades, además de burlas por parte de amigos en cuya amistad confiabas.

HERIDA. Si sueñas que hieres a alguien, es un aviso de que debes olvidar los recelos que tienes con algún familiar o amigo, pues esa persona te estima. Si eres tú quien está herido, presagia enfermedades y tristeza.

HERMANO. Soñar con un hermano simboliza alegría. La fraternidad cordial y desinteresada es señal de amor, comprensión y apoyo.

HERRADURA. Encontrarse una herradura indica que crearás una nueva amistad. Soñar con ella significa que recibirás la visita de un amigo que vendrá a devolverte los favores que le hiciste en anteriores ocasiones. También es el anuncio de un viaje próximo y feliz.

HERRERO. Es un mal sueño si se ve un herrero trabajando, pues augura penas y contrariedades.

HIDROPESÍA. Soñar con una persona hidrópica o sentirse uno mismo aquejado de tal enfermedad señala graves dolencias.

HIEDRA. Soñar con una hiedra es señal de afecto y amistades perdurables.

HIEL. Si sueñas que se derrama por tu cuerpo, pronostica dificultades con empleados, sirvientes y cuantas personas dependan de ti, o también desavenencias familiares.

HIELO. Soñar con hielo presagia, para los campesinos que tengan este sueño, abundantes cosechas y buena fortuna. Si se trata de comerciantes, significa malos negocios. Y si la persona que sueña con hielo es militar, tendrá disgustos y enemistades.

HIERRO. Simboliza afecto familiar si se sueña con él en gran cantidad, como recién salido de la mina. Ya manufacturado, pronostica una mejora en tu trabajo o negocios. Forjar una pieza al rojo vivo augura disgustos y contrariedades.

HÍGADO. Si, al soñar con el hígado, notas que sufres de él, es un augurio de mala salud. Si se trata del hígado de algún animal, pronostica bienestar y satisfacciones.

HIGOS. Soñar con ellos cuando están de temporada, es un indicio de amores sinceros y prosperidad; en otra época, nos traerá inconvenientes y penas.

HIJO. En caso de que se trate de hijos pequeños, augura una enfermedad. Si el hijo es ya mayor, señala dificultades. Pero si soñamos que discutimos o nos peleamos con él, sufriremos contrariedades en asuntos de dinero.

HILO. Soñar con hilo augura generalmente desavenencias o intrigas. Si el hilo se encuentra en un carrete o bobina, augura pobreza. Si está enredado, nos traerá disgustos y dificultades.

HINCHAZÓN. Si sueñas que estás hinchado y ves a otra persona en tu mismo estado, indica pérdida de salud. Procura cuidarte.

HIPÓDROMO. Si te hallas en él, tanto si apuestas como si no, puede interpretarse como el presagio de que estás expuesto a perder tu empleo, debido a tu irresponsabilidad en el trabajo, ya sea por faltas de asistencia o por peticiones injustificadas.

HIPOTECA. Procura no arriesgar tu dinero en ningún negocio que te propongan.

HISOPO. Soñar con un hisopo o que te están rociando con él es una señal de desgracias, trabajos y penas.

HOGUERA. Ver una hoguera te advierte de que debes controlar tu vida para evitar situaciones que pueden resultar irreparables.

HOJAS. Si sueñas que las ves brotar del árbol, significa la próxima llegada de un nuevo ser a este mundo, alegría y felicidad; pero si las hojas están marchitas, debemos cuidar nuestra salud.

HOLLÍN. Verse uno mismo sucio de hollín es un feliz augurio de bienestar.

Su Interpretación

HOMBRE. Si va vestido de blanco o de colores claros, se trata de una señal de dicha; si viste de negro, nos alerta sobre tristezas, habladurías y falsas noticias. Si es moreno, indica vanidades; un hombre rubio presagia amistad y ayuda.

HOMBRO. Soñar que te duelen los hombros o que tienes heridas en ellos significa que tendremos desazones e inconvenientes.

HONGOS. Si sueñas que los ves, te está anunciando riñas o discusiones. Comerlos indica salud y larga vida.

HORA. Si preguntas o te preguntan a ti la hora, tendrás problemas seguros. Si las oyes sonar en el reloj, concertarás una cita para un negocio.

HORCA. Soñar con una horca puede considerarse uno de los sueños más felices. Si eres tú el ahorcado, aumentará tu fortuna. Si se trata de un amigo, este te prestará una gran ayuda. En el caso de ser un familiar, significa prosperidad en los negocios.

HORMA. Ver unas hormas para zapatos te augura pesadumbre al recibir noticias luctuosas que alterarán tu estado de ánimo.

HORMIGAS. Este sueño es un símbolo de abundancia. Tus ideas y proyectos merecerán el apoyo de familiares y amigos, y con ellos triunfarás. No te relajes en la ejecución de tus trabajos.

HORNO. Si el horno está encendido, indica bienestar y comodidades; si está apagado, es un signo de malestar y pesadumbre.

HOSPICIO. Hallarse dentro de un hospicio augura satisfacciones entre familiares y amigos, así como bienestar en el trabajo, donde pronto conseguirás un ascenso.

HOSPITAL. Si eres tú mismo quien se encuentra recluido en un hospital, tu vida no será muy feliz que digamos. Si se encuentra en él algún amigo, tendrás ganancias y firmes amistades.

HOSTIA. Este sueño es un augurio seguro de elevación y grandeza en tu trabajo.

HOTEL. No tardarás en recibir el firme apoyo de una persona relacionada con altos cargos.

HOZ. Soñar con una hoz es de mal agüero, salvo que esta se vea rota o sin filo, pues, en tal caso, si se tiene algún enfermo en casa, sanará rápidamente.

HUCHA. Si la hucha está llena de dinero logrado mediante los ahorros, aumentarán tus riquezas; pero si está vacía, quiere decir que pasarás por grandes dificultades.

HUÉRFANO. Si sueñas con un huérfano, habrá desavenencias entre familiares y amigos.

HUESOS. Si los huesos son humanos, es presagio de muerte de una persona conocida. Si son de animales, augurio de malas noticias. Soñar que estás royendo huesos predice lamentables sucesos.

HUEVOS. Si los huevos son blancos, recibirás una grata ayuda. Si están rotos, señalan habladurías, chismes y pleitos que pueden perjudicarte mucho. Si son huevos duros, tendrás malas noticias.

HUMO. Verlo salir indica falso bienestar. Las ilusiones que te hayas forjado o las promesas que te hayan hecho se desvanecerán como el verdadero humo.

HURACÁN. Si la persona que sueña se halla en medio de un terrible huracán, no tardará en encontrarse en graves dificultades con la familia.

I

ICONOS. Si sueñas que adoras o veneras un icono (imagen pintada que representa a la Virgen o a santos en la Iglesia Ortodoxa), ten por seguro que habrá un cambio en tu vida que vendrá a mejorar tu ánimo, eliminando de tu mente el estado de depresión y desfallecimiento en que actualmente te hallas.

ICTERICIA. Si es uno mismo quien la padece, es el anuncio seguro de un bienestar muy próximo.

IDIOMA. Soñar que hablas un idioma extranjero, sin conocerlo, significa que eres una persona de gran cultura y de arrolladora virilidad.

ÍDOLO. Adorar a un ídolo no es un sueño de buen agüero, ya que habremos de prepararnos para recibir disgustos y contrariedades.

IGLESIA. Encontrarse dentro de ella significa triunfo en tus negocios o estudios. Si ves entrar personas para asistir a misa, indica la próxima llegada de un familiar o amigo querido.

ILUMINACIONES. Simboliza alegría y regocijo en la familia.

IMAGEN. Soñar con una imagen pronostica goces familiares y firme amistad con quienes nos rodean.

IMPRENTA. Debes interpretar soñar con una imprenta o estar dentro de ella como éxito en tu empresa o trabajo.

INCENDIO. Verlo significa inquietudes y fracasos en asuntos amorosos. Si el incendio fuera en tu casa, conlleva la pérdida de dinero; pero si en tu sueño logras apagar el fuego, se convertiría en un grato mensaje que vendría a beneficiar tu situación actual.

INCIENSO. Si lo ves humear, pronostica un amor firme que vendrá a alegrar tu vida; pero ten mucho cuidado con las personas aduladoras.

INDIGESTIÓN. Un sueño en el cual te sientas indigesto está avisándote de que debes procurar ser más sobrio en tus comidas.

INFIDELIDAD. Si sueñas que eres infiel, tanto con tu esposa como con alguna de tus buenas amistades, significa que tienes buena salud y fortuna; pero, en tu vida real, deberás comportarte con amor y amistad con quienes te rodean, si no quieres hallar tu infortunio con alguna mala mujer.

INFIERNO. Hallarse en él es un aviso de que tendrás que mejorar tu conducta y proceder con quienes te rodean.

INJURIA. Si sueñas que eres objeto de una injuria, recibirás atenciones y favores por parte de tus amigos.

INJUSTICIA. Si eres tú mismo quien comete una injusticia, ten por seguro de que en la vida real perjudicarás a una persona amiga, lo cual debes evitar para no tener que arrepentirte. Si es otra persona quien la comete contra ti, vigila tus intereses o, de lo contrario, sufrirás quebrantos y pérdidas.

INMUNDICIAS. Aunque no parece grato soñar con inmundicias, auguran provecho, ganancias y felicidad.

INSECTO. Soñar con cualquier clase de insecto es un aviso de que algunos de tus amigos, abusando de tu bondad, te molestan con peticiones de favores y dinero; por lo tanto, debes procurar no ser tan dadivoso.

INSOLENCIA. Si sueñas que eres insolente con alguien, ten presente que no tardarás en recibir ofensas por parte de quien menos esperabas.

INSOMNIO. Soñar que uno mismo sufre de insomnio (algo contradictorio, ya que si lo sufriera no podría soñar) tiene el significado de que alguna persona te engaña —tu esposa, tu novia, tu mejor amigo—, por lo que deberás vigilar su conducta, intentando, con tu comportamiento, evitar que el engaño llegue a tener mayores consecuencias.

INSTRUMENTOS. Si los instrumentos que tocas u oyes son musicales, auguran alegrías, salud y bienestar.

INTESTINOS. Este sueño significa que tendrás dificultades domésticas, alejamiento de amistades o ruptura amorosa.

INUNDACIÓN. Ver o encontrarte en una inundación pronostica abundancia de bienes. Si tu casa está inundada por haber dejado abiertos los grifos del agua, tu bienestar o fortuna se verán amenazados.

INVÁLIDO. Soñar con una persona inválida es señal de una vejez apacible y serena.

INVIERNO. Si sueñas que vives en un invierno muy frío, procura cuidar tu salud. Si al soñar con el invierno notas que el frío no te afecta, a pesar de estar en la nieve, no te olvides de vigilar tus negocios.

INVITACIÓN. Si sueñas que recibes una invitación para una fiesta, ten por seguro que no tardará en llegar a tus manos.

ISLA. Significa que próximamente realizarás un viaje. Si la isla está desierta, procura mantener la amistad con los amigos que te rodean y que te estiman, pues en este sueño se te advierte de que no debes apartarte de ellos.

☙ J ❧

JABALÍ. Soñar con un jabalí significa que te verás perseguido y acosado por tus enemigos. Sin embargo, cazarlo te anuncia que saldrás triunfante de las adversidades.

JABÓN. Es una señal de enredos y de situaciones difíciles, que se tendrán que ir venciendo paulatinamente.

JACINTO. Esta flor simboliza la amistad. No obstante, procuremos escoger bien a nuestros amigos para evitarnos posteriores dificultades con ellos.

JAMÓN. Si sueñas que lo estás cortando, pronto recibirás un obsequio o recompensa. Si lo vendes, significa aumento de familia o de fortuna.

JAQUECA. Soñar que uno mismo tiene jaquecas augura penas y una enfermedad leve.

JARABE. Beber jarabe es un mal presagio, pues indica que la persona que lo bebe se sentirá mal. Debes procurar tener cuidado con los alimentos que ingieres.

JARDÍN. Pasear por un jardín augura bienestar y alegría, así como éxitos en los negocios. Cultivarlo te traerá un aumento de fortuna.

JARDINERO. Si sueñas con un jardinero te tocará la lotería, y si tienes dinero invertido en acciones, aumentará notablemente.

JARRÓN. Si sueñas con un jarrón con flores, pronto recibirás agradables noticias de algún familiar. Con flores marchitas, augura contrariedades. Si se rompiera el jarrón, sufrirás un accidente grave, aunque tal vez se trate de un amigo.

JAULA. Una jaula sin pájaro, o con uno que no cante, es señal de intervenciones policiales y problemas judiciales. Si el ave canta alegremente, saldrás de un grave aprieto o situación. Abrir la jaula para darle libertad te traerá dichas conyugales y familiares.

JAZMÍN. Soñar con esta flor significa amor y fidelidad entre personas que se quieren. También es augurio de buenas amistades.

JERGÓN. Estar acostado en un jergón vaticina miserias. Si se tiene algún plan próximo a realizarse, hay que tener cuidado para evitarnos un fracaso.

JERINGA. Si se sueña con una jeringa rota, significa malos negocios.

JINETE. Ver un jinete indica perjuicios, que podrán ser mucho mayores si en tu sueño el jinete se cae del caballo.

JIRAFA. Recibirás una noticia favorable de un familiar o amigo.

JOROBADO. Este sueño es augurio de bienestar y riquezas.

JOYAS. Si eres tú mismo quien las posee, procura guardarlas y no venderlas. Soñar que las ves es indicio de un negocio o trabajo que te producirá buenas ganancias.

JUDAS. Esta representación onírica, tanto si se trata de Judas Iscariote como de los muñecos que se acostumbran quemar el Sábado de Gloria, indica que debes protegerte de ciertas amistades que te rodean y que, con un apretón de manos o un beso, como queriendo demostrar afecto y cariño, intentan perjudicarte.

JUDÍO. Soñar con uno o varios judíos, seguidores de la Ley de Moisés, es señal de que las penas o contrariedades que se tienen en la actualidad cambiarán en un breve plazo de tiempo y la paz renacerá en tu corazón.

JUEGO. Si, jugando cualquier juego de azar, uno sueña que gana, perderá amigos queridos. Si pierde, volverá de nuevo la paz y la tranquilidad, aliviando sus dolencias o aflicciones. En caso de que se trate de juegos de niños, significa bienestar, salud y confraternidad familiar.

JUGUETES. Si sueñas con juguetes, deberás tener cuidado respecto a tu manera de proceder, ya que si cometes alguna travesura tendrás que arrepentirte.

JURAMENTO. Soñar que haces un juramento y lo cumples fielmente quiere decir que serás objeto de honores y dignidades. En cambio, si faltas a él, recibirás desprecio y humillaciones.

JUVENTUD. Si la persona que sueña es ya de cierta edad y se ve joven y apuesto, es augurio de salud, alegría y prosperidad.

JUZGADO. Hallarte tú mismo en un juzgado, en calidad de detenido por haber cometido una falta o un delito, es una clara señal de que pronto te verás libre de las preocupaciones y necesidades que te han venido agobiando. Si el acusado que se presenta ante el juez es un amigo tuyo, cuídate de un grave peligro que puede perjudicarte.

L

LABERINTO. Soñar que te encuentras en un laberinto y das con la salida es augurio de que se te presentarán dificultades, ya sea en tu trabajo o en tu negocio. Tales dificultades podrás vencerlas con constancia y un recto modo de proceder.

LABIOS. Si en tu sueño se ven unos labios jóvenes y sonrosados, su significado es que gozarás de gratos lances amorosos y tu salud no tendrá nada que desear. Si fueran abultados, burdos o paliduchos, significarán todo lo contrario: fracasos en el amor y falta de salud.

LABORATORIO. Si sueñas que ves un laboratorio o que estás en él se interpreta como éxitos y bienestar, siempre que seas una persona laboriosa y activa en tu trabajo o negocio.

LABRADOR. Si sueñas con un labrador, es un grato indicio de prosperidad en tu trabajo y bienestar familiar.

LABRAR. Si sueñas que estás labrando un terreno, quiere decir que cierto proyecto o negocio que deseas emprender será un fracaso si no tomas las debidas precauciones para llevarlo a cabo.

LADRIDOS. Oír en sueños ladrar a un perro es augurio de penas y contrariedades. Si se oye aullar, anuncio de muerte.

LADRILLOS. Soñar con ladrillos es un signo de prosperidad.

LADRÓN. Tanto si los ves como si no, si los ladrones han entrado en tu casa y te han robado, es un buen presagio para cualquier trabajo, empresa o asunto que acometas.

LAGARTIJA. Soñar con este animal significa que debes guardarte de las traiciones de gente que busca tu ruina o malestar.

LAGO. Este sueño indica que no tardarás en recibir alegría y contento al lado de personas a las que estimas mucho, bien en tu casa o en una fiesta que está próxima a celebrarse.

LÁGRIMAS. Si sueñas que eres tú mismo quien llora, es anuncio de alegría. Si ves las lágrimas en los ojos de otra persona, augura un feliz término de las penas.

LÁMPARA. Una lámpara cuya luz sea brillante significa que terminan tus penas, tras una corta temporada de crisis, y si la persona que sueña con ella estuviese delicada o enferma, se restablecerá muy pronto.

LANA. Soñar con lana (en rama o en tela) augura prosperidad familiar y es un símbolo de buenas amistades. Llevar un abrigo de lana, por el contrario, presagia desdichas.

LANGOSTA. Si la langosta es de mar, predice placeres y gratas reuniones familiares. Si es terrestre, tendrás que cuidar de tus negocios o trabajo.

LANZA. Una lanza simboliza esperanzas perdidas, sobre todo si quien sueña con ella es una mujer.

LÁPIDA. Debes procurar no ser infiel y portarte bien en la vida que llevas. De lo contrario, pronto te desenmascararán.

LÁPIZ. Soñar con lápices indica fracaso de los proyectos o ilusiones que te habías forjado.

LÁTIGO. Golpear a alguien con un látigo significa inconvenientes para uno mismo.

LAUREL. Soñar con laurel es presagio de buena suerte; para las solteras, supone encontrar esposo; para los casados, tener hijos, ventura y felicidad sin límites. Verse coronado de laurel, llevar simplemente una rama en la mano o aspirar su grato perfume proporciona fortuna y holgura, paz y bienestar en el hogar.

LAVADERO. Si eres tú quien se halla en el lavadero o delante la lavadora, lavando tu ropa, significa que te reconciliarás próximamente con una persona de quien te hallabas distanciado.

LAVANDERA. Si sueñas con tu criada o con la asistenta que viene a tu casa a lavar la ropa, recibirás gratas noticias que habrán de beneficiarte.

LAVAR. Si soñamos que nos lavamos el cuerpo o las manos, tendremos que acudir en ayuda de un amigo, al que debemos socorrer en lo que podamos.

LAVATIVA. Si eres tú mismo quien sueña que pone una lavativa a otra persona, significa que nuestros asuntos o negocios pronto irán por mejor camino.

LAZO. Si te hallas lleno de lazos, indica múltiples dificultades para poder salir airoso de tus apuros. Si se trata de los lazos matrimoniales que simbólicamente unen a los futuros esposos, harás buenos negocios.

LECHE. Soñar que la bebes es augurio de salud y fecundidad. Si la derramas, pérdida de dinero y de amigos. Si solo ves la leche en un recipiente, botella o vaso, pronto harás amistad con una persona a la que antes no conocías.

LECHUGA. Si la ves, significa salud y mejoras en tu situación. Si sueñas que la comes, existe riesgo de una leve enfermedad o disgusto pasajero.

LECHUZA. Soñar con una lechuza no es un buen augurio, si no lo contrario: este sueño señala una grave enfermedad o muerte de alguien a quien estimas mucho.

LEER. Si eres tú quien lee, tendrás contrariedades y litigios. Si ves leer a otra persona, recibirás buenas noticias.

LEGAÑAS. Si sueñas con legañas o que tienes los ojos legañosos, no tardarás en tener malas noticias de un amigo a quien quieres.

LEGUMBRES. Por lo general, soñar con legumbres es desagradable. Si están en la huerta, presagian aflicciones; en el mercado, en la cocina o en la mesa, habrá discordia entre amigos y compañeros.

LEJÍA. Este sueño es pronostico de trabajos sin compensaciones.

LENGUA. Soñar con una lengua larga es una señal de pesares. Si es gruesa, indica buena salud.

LENTEJAS. Las lentejas indican egoísmos y corrupción.

LEÑA. Si la ves formada en haces, recibirás noticias de un buen amigo que se halla enfermo. Si cargas con ella a la espalda, las tribulaciones que ahora te aquejan perdurarán durante algún tiempo. Si ves leña quemada, significa que obtendrás bienes a costa de tu propio trabajo.

LEÑADOR. Si sueñas que eres tú quien corta leña en el bosque, quiere decir que recibirás satisfacciones en el trabajo que ejecutas en tu vida real. Si ves a un leñador, tendrás afecto y complacencias de amigos.

LEÓN. Batirse con un león y vencer en lucha tan desigual significa que también vencerás en la vida a los enemigos que quieran perjudicarte. Sin embargo, si caes bajo sus garras, tus enemigos triunfarán sobre ti. Ver varios leones juntos es presagio de que puedes asociarte con las personas que te lo propongan para formar un club o emprender un negocio.

LEOPARDO. Si sueñas con un leopardo, deberás protegerte de extraños, en particular si son extranjeros.

LEPROSOS. Soñar que uno mismo sufre esta enfermedad presagia bienestar y próximas riquezas. Si se trata de otra persona la que la padece, es augurio de calamidades sin fin.

LETANÍA. Oír en sueños una letanía es grato augurio de paz y de felicidad dentro de la familia. En el caso de que fuera uno mismo quien formara parte del coro que canta la letanía, tus proyectos e ilusiones no tardarán en convertirse en una grata y tangible realidad.

LETRERO. El que sueña que ve un letrero o cartel saldrá airoso de un peligro que le estaba acechando.

LEY. Si eres tú mismo quien sueña que es un representante de la ley, significa que puedes considerarte seguro en tu trabajo o negocio. En caso de ser transgresor de la ley, tiene un significado completamente contrario.

LIBÉLULA. Soñar con una libélula indica un grato augurio de riquezas que aliviarán o mejorarán tu situación actual.

LIBRETA. Es una clara advertencia de que debes procurar ser más comedido en tus gastos, si no quieres acabar en la miseria.

LIBRO. Si sueñas con libros, es señal de una larga vida. Si se trata de libros piadosos, predice buena salud. Un libro abierto se interpreta como dicha y bienestar; cerrado, como misterio.

LICOR. Soñar con licores es augurio de consideraciones y respeto, de los cuales somos dignos.

LIEBRE. Este sueño quiere decir que haremos prontas y convenientes adquisiciones.

LIGAS. Si las llevas puestas, es presagio de achaques y enfermedades. Soñar que nos las quitamos indica decepciones. Vérselas quitar a una mujer, finalización de penas y dificultades.

LILA. Si sueñas con lilas, ten por seguro que reverdecerán gratos recuerdos amorosos de tu juventud; sin embargo, no debes dejarte llevar por sentimentalismos.

LIMÓN. Este sueño se interpreta como amarguras que, afortunadamente, no perdurarán mucho tiempo.

LIMONADA. Si eres tú mismo quien sueña que se la prepara, significa que tendrás contrariedades. Beberla es augurio de enfermedad o muerte.

LIMOSNA. Soñar que la das significa dicha; recibirla, desgracia, hasta el punto de incluso llegar a perder la ocupación que tienes.

LIMPIABOTAS. Si en el sueño eres tú el limpiabotas, augura bienestar y ganancias.

LIMPIEZA. Si eres tú quien hace la limpieza de la casa, recibirás gratas noticias. Ver barrer o hacer la limpieza a otra persona indica que las noticias que te llegarán no muy gratas, pero, afortunadamente, no resultarán serán verídicas. Por lo general, este sueño augura el final de penas, molestias, enfermedad y posibles enemistades.

LINTERNA. Soñar que te alumbras con una linterna te está avisando de que debes actuar con prudencia en tus asuntos. Si la linterna se halla apagada, tendrás inconvenientes debidos a tu despreocupación o irresponsabilidad. Protégete de amigos envidiosos.

LIRA. Símbolo de amor y de ternura, de sentimiento poético y romántico.

LIRIO. Si sueñas con lirios durante el tiempo en que florecen, significa paz y felicidad; fuera de temporada, señalan pérdida de esperanzas e ilusiones.

LISTÓN. Símbolo de penas y contrariedades. Cuanto más largo sea el listón, mayores serán estas.

LITURGIA. Soñar que te hallas presente en cualquier ceremonia litúrgica es buena señal, ya que recibirás apoyo en proposiciones que hayas hecho, lo cual redundará en tu beneficio y prosperidad.

LLAGA. Si sueñas que tienes llagas has de interpretarlo como una pérdida de dinero.

LLAMADA. Si ves en un sueño que hablas por teléfono con alguien, considéralo un recordatorio de algún asunto que habías olvidado y que debes llevar a cabo. En cambio, si al hablarte menciona su nombre, es señal de que todo marcha bien.

LLAMAS. Este sueño te está avisando de que cuides tu salud, en particular los pulmones y el corazón, procurando evitar actos violentos o emocionales.

LLANTO. Llorar en un sueño presagia alegrías en la vida real. Si ves llorar a muchas personas, es augurio de una calamidad pública, que no habrá de afectarte.

LLANURA. Si soñamos con una gran llanura o caminamos por ella, es un indicio de beneficios en nuestro trabajo y prosperidad en los negocios.

LLAVE. Soñar con llaves significa sana alegría. Verlas en un llavero quiere decir que pronto asistiremos a un matrimonio. Perder una llave nos predice que nos espera un gran disgusto. Encontrarla, una aventurilla amorosa.

LLUVIA. Si la lluvia es abundante y tempestuosa, augura felicidad para los humildes y temores para los ricos. Si se trata de una lluvia suave, buenas ganancias en los negocios.

LOBO. Si vemos que el lobo nos ataca, es que un enemigo nos causará perjuicios. Si nos muerde, seremos víctimas de una gran perfidia. Si lo matamos, triunfo seguro sobre nuestros enemigos.

LOCO. Ser, en sueños, tú mismo quien se halla privado de la razón demuestra que eres muy cuerdo y responsable y que disfrutas de una envidiable salud. Si la que sueña es una mujer soltera, es anuncio de próximo matrimonio; si está casada, recibirá pronto la llegada de un hijo que destacará notablemente en la vida.

LOCOMOTORA. Verla correr vaticina que realizarás muy pronto un viaje. Si la locomotora ha descarrilado, serás víctima de tu precipitación.

LODO. Soñar que caminamos sobre un terreno enlodado augura la pérdida de algo muy querido. Si resbalamos en él, significa problemas judiciales. Si caemos y nos enlodamos, es anuncio de grave enfermedad.

LOMA. Hallarnos en lo alto de una loma anuncia que tendremos una pérdida de dinero, con su correspondiente secuela de penalidades y sinsabores.

LOMBRIZ. Este sueño es augurio de disgustos y desavenencias familiares, por falta de recursos.

LOMO. Soñar con un lomo de res, cerdo, etc., significa que pronto recibirás un dinero que no esperabas, con el que solucionarás todos tus problemas, bien sean familiares o de negocios.

LORO. Es buen augurio soñar con un loro, ya que no tardarás en recibir noticias de que un familiar o amigo, que estaba muy enfermo, ha recobrado su salud casi milagrosamente.

LOTERÍA. Si sueñas con un número de la lotería y al despertar recuerdas la cifra final, trata de comprar un billete o participación que termine en ese número.

LUCHA. Si sueñas que luchas con un conocido, pronto sabrás de una persona que se dice ser tu amigo pero que te está perjudicando.

LUNA. La luna llena es augurio de bienestar y prosperidad en la casa. Si está en la fase de cuarto creciente, significa afinidades amorosas. Soñar que se encuentra en cuarto menguante auspicia desavenencias en el amor. Ver la luna nueva es señal de inconvenientes y sinsabores. Si soñamos que estamos en la luna, es augurio de dinero inesperado.

LUNAR. Si sueñas que tienes un lunar en el rostro, predice burlas y crítica mordaz por parte de tus amistades.

LUTO. Soñar que tú mismo vas vestido de luto es señal de matrimonio de algún familiar. Si, por el contrario, sueñas con otra persona con este luctuoso traje, es anuncio de penas y tribulaciones.

LUZ. La luz es un sueño de excelente presagio, y cuanto mayor sea su fulgor, mejores éxitos y provechos lograrás en tu vida.

M

MACARRONES. Soñar que cocinamos macarrones significa que somos personas fáciles de contentar. Si los comemos, disfrutaremos de paz y tranquilidad en el hogar.

MACETA. Soñar con una o más macetas presagia amor y comprensión entre los seres queridos.

MADEJA. Si sueñas que la madeja está deshecha o revuelta, debes preocuparte de tus negocios, que andan igual, sin que te hayas dado cuenta. Si estás devanándola, es anuncio de éxitos. Si la madeja fuera de hilo o de estambre, significa un estancamiento en tu trabajo o negocio. En cambio, si es de seda, indica prosperidad en ellos.

MADERA. La madera en general, los tablones, las vigas, los listones, etc., son de buen augurio, ya que nos anuncian nuevos trabajos, en empresas o negocios, que han de prosperar si nos dedicamos a ellos con el mayor empeño.

MADRE. Soñar con una madre, tanto si está viva como si no lo está, es augurio de paz y de felicidad. Si sueñas que estás hablando con ella, pronto recibirás noticias de un familiar a quien quieres mucho.

MADRESELVA. Anuncia la próxima boda de una persona que se encuentra entre el círculo de tus buenas amistades.

MADRINA. Debes tener cuidado con alguien de tu entorno, ya que sus intenciones no son buenas.

MAESTRO. Si algún familiar o amigo acaba de confiarte un secreto, no te fíes de una persona que trata de arrancártelo.

MAGO. Soñar con un mago predice una sorpresa muy agradable para ti. Si quien sueña está enfermo, significa un rápido restablecimiento en su salud.

MALETAS. Si sueñas con maletas, pronto llevarás a cabo una mudanza. Si eres tú mismo quien las lleva, pronostica que cambiará tu situación.

MANCHA. Ver manchas en el traje, en el vestido, en las paredes o en cualquier otro lugar indica pesadumbre y tristeza.

MANCO. Si sueñas con una persona manca, trata de cambiar tu carácter, que has de reconocer que es duro con tus empleados o amigos; de lo contrario, atente a las consecuencias.

MANDARINA. Este sueño indica que hay en ti deseos de superarte y progresar pero no debes desatender tu trabajo, ya que puede ocurrir que, por tu negligencia, tu ideal no llegue a realizarse.

MANDÍBULA. Si la mandíbula con la que sueñas está completa, esto es, con todos sus dientes, es un signo de prosperidad y riquezas; pero en caso contrario es anuncio de enfermedad o pérdida de algún familiar o amigo.

MANDIL. Si quien sueña con él es una mujer que lleva puesto un mandil limpio, recibirá lisonjeras proposiciones. Si se trata de un hombre, se encontrará en una situación embarazosa y ridícula para su sexo en una reunión o fiesta.

MANDOLINA. Este sueño significa que te harán una declaración de amor.

MANGAS. Si las mangas con las que sueñas son anchas, es señal de bienestar. Pero si son estrechas, indican contrariedades amorosas o sentimentales en tu hogar. Si en tu sueño están rotas o desgarradas, son presagio de desavenencias.

MANIQUÍ. Ver en sueños un maniquí indica que debes tener más cuidado en tus empresas o trabajos.

MANO. Este sueño tiene muchos significados. Si se trata de manos bonitas, es señal de buenos negocios y paz hogareña. Lavártelas significa que tendrás preocupaciones. Si las estás contemplando, es augurio de enfermedad. Una mano velluda es un pronóstico de decaimiento en tu trabajo o negocio. Si está cortada, augura la pérdida de una buena amistad.

MANTECA. Comerla es indicio de relativo bienestar, alternando alegrías y contrariedades. Elaborarla o hacer una comida con ella simboliza afecto de buenas amistades.

MANTEL. Si sueñas que el mantel está puesto encima de la mesa, te indica que próximamente te invitarán a un banquete. Si lo recoges para guardarlo, no podrás acudir por causas justificadas.

MANTEQUILLA. Soñar con mantequilla, augura próximos pleitos de familia por causa de chismorreos femeninos.

MANTILLA. Se nos comunicarán grandes secretos amorosos.

MANZANA. Si se trata de manzanas maduras y dulces, predicen placeres y alegrías. Si están verdes, presagian contrariedades. Si su sabor es muy ácido, su significado no es otro que disputas.

MAPA. Si el que sueña con un mapa es un hombre, significa que hará un largo viaje. En el caso de una mujer, tendrá que estar atenta para evitar una fuerte infección intestinal.

MAQUILLAJE. Soñar que estás maquillándote es señal de pleitos y murmuraciones familiares.

MÁQUINA. Anuncio de próximas actividades. Si la máquina, cualquiera que sea, está en movimiento, significa un éxito seguro en el negocio o trabajo; pero si permanece parada, sin movimiento, indica tiempo perdido, que tendremos que recuperar con el trabajo.

MAR. Si sueñas con el mar en calma, indica que algún pariente habrá de prestarte ayuda en tu situación actual. Si está alborotado, presagia peligro. Si sueñas que caes al mar, augura un fatal accidente para ti mismo o para una persona allegada. Si caminas sobre él significa que se solucionarán con éxito los problemas que te afligen.

MARCO. Soñar con el marco de un cuadro es indicio de vida feliz, debido a tu conducta y economía. Disfrutarás de un dulce dicha conyugal.

MARFIL. Este sueño significa que recibirás buenas noticias y gratos regalos.

MARGARITA. Si sueñas que contemplas un ramo de margaritas, es augurio de paz y felicidad por mucho tiempo, así como de declaraciones amorosas. Si en el sueño la estás deshojando, es señal de amoríos sin importancia.

MARIDO. Si en sueños le pegas a tu marido, pronto recibirás un regalo que te satisfará. Si eres soltera y sueñas que tienes marido, es augurio de boda muy próxima.

MARINO. Si en tu sueño eres un marino, te está avisando de peligros y desgracias. Soñar con un marino augura una enfermedad o la posibilidad de que se agrave, si ya estás enfermo.

MARIPOSA. Soñar con mariposas blancas o de colores indica que eres una persona voluble e inconstante. Si son negras, tendremos tal vez infaustas noticias.

MARISCO. Si está vacío, es augurio de pérdida de dinero. Si se ve fresco y lleno, pronto se realizarán tus ilusiones.

MÁRMOL. Soñar con mármol y figuras hechas con esta piedra indica advenimiento de pleitos y contrariedades que no esperabas. Procura tener cuidado y ser prudente en todos tus actos.

MARTILLO. Ver en sueños un martillo que golpea con fuerza un yunque o cualquier otro objeto presagia una vida activa que, seguramente, te conducirá al éxito en tu trabajo o negocio. Desde luego, deberás apartarte de toda clase de violencias que puedan perjudicarte.

MARTIRIO. Soñar que te martirizan es señal de agasajos y honores.

MASA. Si eres tú mismo quien prepara una masa para elaborar pan o pasteles, te augura felicidad en compañía de familiares o amigos. Si los panes o pastelillos los haces exclusivamente para ofrecérselos a otras personas, no debes descuidar tus intereses, sobre todo si se trata de dinero.

MÁSCARA. Soñar con una máscara significa que debemos estar preparados contra alguna intriga que se está forjando a nuestro alrededor. Hemos de estar prevenidos para las burlas o indirectas que puedan presentársenos.

MATADERO. Si, en un matadero o rastro, vemos sacrificar varias reses, será señal de buenos augurios y felices noticias. Encontrarse a solas en un matadero donde no vemos a nadie ejecutando sus labores es presagio de peligros próximos.

MATRIMONIO. Si eres tú mismo quien se casa, se trata de una señal de que una inesperada ayuda mejorará tu situación. En caso de que asistas como invitado a una boda y no conozcas a los contrayentes, augura muerte de algún allegado nuestro o de un amigo querido.

MAULLIDO. Si en tus sueños oyes los maullidos de un gato, ten por seguro que dos de tus más acérrimos enemigos se pelearán, con lo cual tú saldrás beneficiado.

MAYORDOMO. Este sueño es un mal presagio. Ten cuidado con una persona con la que tienes contacto en el trabajo o en el negocio, ya que te está engañando.

MAZORCA. Cuando tengas un sueño agradable, lleno de promesas y bienestar, y aparezca en él una mazorca, tu dicha será efímera.

MEDALLA. Soñar con medallas es señal de que conocerás a una persona de buena posición y de dinero que te favorecerá.

MEDIA. Si eres tú mismo quien hace tus medias, te sobrevendrán disgustos. Si sueñas con medias corrientes, tendrás mala suerte en los negocios o la lotería, pero si son de buena calidad, recibirás dinero. Soñar que te las quitas es augurio de satisfacciones y buenas noticias. En caso de verlas o llevarlas rotas, significa que habrá contrariedades y miseria.

MEDICINA. Si eres tú quien la toma, augurio de enfermedad. En caso de ser tú quien la suministra a un paciente, provecho.

MÉDICO. Soñar con un médico significa protección y consuelo en tu vida. Si eres médico en la vida real o apareces como tal en el sueño, eres una persona de buenos sentimientos, y esa bondad deberás esparcirla entre los demás.

MEJILLAS. Este sueño se interpreta como una boda por amor.

MELODÍA. Si en sueños escuchas una dulce melodía, su significado es el anuncio de pérdidas en tu negocio.

MELÓN. Si una persona se halla enferma y sueña que come melón, puede tener por seguro su pronto restablecimiento. Soñar simplemente con esta fruta es augurio de buenas noticias. Si soñamos que lo compramos, debemos evitar gastos superfluos que pueden traernos muchos inconvenientes.

MEMBRILLO. Si sueñas que lo comes, es augurio de penas y tristezas, que serán mayores si el membrillo es ácido.

MENDIGO. Si sueñas que eres un mendigo, tendrás aflicciones y disgustos familiares. En el caso de que el mendigo sea un amigo o conocido, procura acercarte a él para que te ayude.

MENSAJERO. Es un sueño de buenos presagios, ya que tendremos sorpresas agradables y anuncio de boda.

MERCADO. Si eres comerciante y sueñas con un mercado lleno de mercancías, quiere decir que obtendrás ganancias en tu negocio; si el mercado estuviera vacío, debes procurar poner en orden tus operaciones comerciales. Soñar que estás en uno, comprando o vendiendo, es un pronóstico de felicidad en el hogar y en el trabajo.

MERENGUE. Soñar con merengues anuncia contrariedades y dolencias.

MESA. Una mesa bien preparada y llena de ricos manjares es señal de abundancia; si está vacía, indica todo lo contrario. Si la mesa está rota, es augurio de una gran depresión económica.

METAL. Si se sueña en general con metales, sin definir con exactitud de cuál se trata, es un buen presagio de prosperidad y paz en el hogar y en el trabajo.

METRO. Soñar que usas el metro para tomar medidas es de mal augurio: indica pérdida de tu trabajo, si eres empleado, o una gran merma en tus ingresos, en caso de que seas negociante.

MIEDO. Si sueñas que tienes miedo, deberás cuidarte la salud. Procura descansar lo máximo posible

MIEL. Si sueñas que comes miel, tendrás satisfacciones, prosperidad, y éxito en los negocios. Ver que la comen, indica disgustos amorosos.

113

MILAGRO. Soñar con un milagro es señal de grandes e inesperados beneficios que recibirás en fecha no muy lejana. En el caso de que seas tú mismo quien hace el milagro, indica infidelidad entre enamorados o esposos.

MILITAR. Si en sueños se te aparece un militar, significa que ya estás preparado para emprender cualquier empresa o negocio.

MINA. Si sueñas que trabajas en una mina, debes guardar el dinero ganado con tu esfuerzo, y no confíes en la lotería si llegara el caso de que lo perdieras.

MINISTRO. Si sueñas que eres un ministro, son malos augurios. Si recurres a un ministro para pedirle algún favor, ten por seguro que fracasarás.

MIRLO. Si oyes cantar a un mirlo en sueños, es señal de murmuraciones. Si lo ves muerto, debes controlarte en cualquier situación difícil que se te presente, o tendrás disgustos.

MIRTO. Es una señal de curación para los enfermos. Para quienes están sanos, predice grandes angustias y penas.

MISA. Oír misa en tus sueños, sobre todo si es cantada, es augurio de satisfacción y alegrías. Decir misa, implica el fin de nuestras penas.

MOCHILA. Soñar con una mochila de colegial llena de libros es indicio de que hay personas envidiosas que tratarán de amargarte la vida con mentiras y habladurías. Si está vacía, recibirás desagradables noticias que, afortunadamente, resultarán falsas. Pero si está llena de dulces o chocolate, sufrirás una gran contrariedad que echará por tierra las ilusiones que te habías forjado.

MOCHUELO. Si en la vida real uno vive feliz, ver en sueños un mochuelo nos traerá desasosiegos. Si nos hallamos en apuros, presagia su fin.

MODELAR. Si estás casado y no tienes hijos, soñar que estas modelando figurillas de barro significa que pronto tendrás uno.

MODISTA. Si sueñas que eres modista tanto si eres mujer como si eres un hombre, pronto terminarás con la fingida amistad de una persona que ha venido perjudicándote.

MOLER. Soñar que estás moliendo cualquier cereal, café, etc., es augurio de éxitos y abundancia.

MOLINO. Si en tu sueño el molino está funcionando, es presagio de alegrías; pero si aparece sin movimiento, significa que tendrás penas. Si el molino es de viento, es señal de un viaje próximo; si es de agua, te pronostica dificultades.

MONAGUILLO. Si ves uno o más monaguillos ayudando a un sacerdote en el ritual de la misa, sufrirás la pérdida de algo muy querido, lo cual te causará gran pesadumbre.

MONEDA. Si la moneda es de oro, indica penas; si es de plata, nos traerá felicidad; de cobre o de aluminio es augurio de fortuna. Si se trata de una moneda falsa, presagia contrariedades.

MONEDERO. Soñar con un monedero vacío es señal de próximas ganancias. En cambio, si está lleno, es un indicio de contrariedades.

MONJE. Soñar con un monje de hábito blanco significa éxitos. Pero si el hábito es negro, nos traerá dificultades.

MONO. Soñar con monos nos avisa de que debemos procurar librarnos de raterías y de amigos chismosos.

MONSTRUO. Si en el sueño lo vemos de lejos, debemos apartarnos de alguien que se llama amigo y solo trata de perjudicarnos. Si está cerca, vaticina salud y amistad.

MONTAÑA. Si subimos por la montaña en sueños, tendremos prosperidad. Si la bajamos, indica todo lo contrario, es decir, miseria. Solamente verla quiere decir que haremos un hermoso viaje.

MONUMENTO. Soñar con un monumento significa que próximamente tendrás un aumento de trabajo y gratos beneficios, aunque no en la proporción y deseos que te habías forjado.

MORAS. Soñar con el fruto de la morera, trae disgustos motivados por los celos.

MORCILLA. Si eres tú quien come morcillas en sueños, recibirás la grata visita de buenos amigos. Si las vendes, es indicio de prosperidad. Soñar con morcillas blancas es un buen augurio; si son negras, puedes tener pequeñas contrariedades.

MORDAZA. Si sueñas que te hallas amordazado, debes procurar ser discreto en un asunto que te puede incumbir; de lo contrario, sufrirás algún disgusto.

MORDEDURA. Sufrir el mordisco de algún animal en tu sueño es señal de odios, celos y heridas.

MORERA. Ver en sueños una morera en flor es augurio de buena fortuna. Si se encuentra seca y sin fruto, se producirá un estancamiento en tu situación.

MORTAJA. Si en tu sueño es a ti a quien amortajan, sin que estés muerto, recibirás una noticia que te amargará de momento, aunque todo terminará bien.

MOSCA. Soñar con moscas significa que padecerás incomodidades y visitas no muy gratas. Sin embargo, soñar que las matas significa que saldrás airoso y triunfante de tales inconvenientes y molestias.

MOSQUITOS. Soñar con mosquitos es señal de preocupaciones, aunque podrán llegar a terminar si eres una persona consciente.

MOSTAZA. Todo lo relacionado con la mostaza es de mal agüero.

MOSTRADOR. Este sueño es un aviso de que no trates de emprender ningún negocio ni jugar a la lotería. Guarda tu dinero para mejor ocasión.

MOTÍN. Si sueñas que tomas parte en un motín, tienes que ser valiente y decidido para salir airoso de tus proyectos.

MUCHEDUMBRE. Si en un sueño ves gran cantidad de personas, no tardarás en recoger el fruto sembrado con tu constancia y trabajo, aunque debes procurar no enorgullecerte de ello.

MUDANZA. Este sueño augura que te espera una noticia desagradable.

MUDO. Soñar con un mudo, seas tú u otra persona, es presagio de dificultades familiares.

MUEBLES. Si en tu sueño compras muebles, augura felicidad; si, al contrario, los vendes, es presagio de malos negocios e incluso adversidades.

MUELA. Tiene un mal significado que, en sueños, se te caiga una muela, ya que augura la muerte de un familiar o de un amigo muy querido.

MUELLE. Si sueñas que estás en el muelle de un puerto, recibirás gratas noticias de un amigo que se hallaba enfermo y que ha recobrado la salud.

MUERTE. Soñar con la muerte de un hijo es un buen augurio de prosperidad; si se trata de un pariente o un amigo, pronostica boda o nacimiento.

MUERTO. Si en sueños besas a una persona muerta, es un indicio de larga vida. Si lo ves en el ataúd, sufrirás una enfermedad gástrica. Verse uno mismo muerto es señal de salud, honores y prosperidad.

MUJER. Soñar con una mujer morena, es sinónimo de tristezas; si es rubia, vaticina alegrías, y si es pelirroja, habladurías y chismes. Si se trata de una mujer encinta nos traerá buenas y agradables noticias. Si está desnuda, nos anuncia la muerte de un familiar o amigo.

MULA. Soñar con este animal indica prosperidad en los negocios, si no lleva carga. Si la mula va cargada, significa que habrá dificultades en el trabajo o empresa.

MULATO. Ver en sueños a una persona mulata es señal de riquezas y prosperidad.

MULETAS. Soñar con unas muletas quiere decir que recuperaremos la salud, en el caso de estar enfermo. Andar con ellas nos está avisando de que no debemos arriesgar dinero en la lotería. Romper las muletas significa que tendremos paz y tranquilidad en el hogar.

MULTA. Si eres tú quien la paga, recibirás elogios y provecho en tu trabajo o negocios. Sin embargo, ver que es otra persona quien la paga anuncia pleitos.

MUÑECAS. Soñar con muñecas significa que nuestras alegrías serán breves y nuestras ilusiones no se realizarán.

MUÑÓN. Quien sueña con un muñón tendrá que andar con cuidado, ya que le acecha un grave peligro.

MURCIÉLAGO. Los murciélagos en los sueños son augurio de peligros inminentes, desengaños amorosos, aflicciones, graves accidentes e incluso una señal de muerte de familiares o amigos. También te advierte que tendrás que prestar atención en tu trabajo o negocios, y poner toda tu fe y dedicación en ellos.

MÚSICA. Oír una buena música en tu sueño es una señal de consuelo. Soñar que escuchamos música desafinada y desagradable auguran calumnias.

N

NABO. Quien sueña con ellos y está enfermo pronto se restablecerá por completo.

NACIMIENTO. Ver el alumbramiento de un niño o enterarse en sueños de un nacimiento presagia siempre noticias o sucesos agradables.

NADAR. Soñar que estás nadando en el mar o en un estanque de agua limpia es señal de placeres y comodidades. Si lo haces en un mar borrascoso o en un río caudaloso, augura que se aproximan peligros.

NAIPES. Jugar a los naipes anuncia engaños y desilusiones. En el caso de que en el sueño juegues con amigos, procura no emprender ningún negocio con ellos.

NALGAS. Si es uno mismo quien se las ve, es una señal de peligro. Si el hombre o la mujer que las contempla sueña con las nalgas de una persona de distinto sexo, indica lujuria.

NARANJA. Soñar con naranjas predice problemas y contrariedades. Si la estás comiendo, recibirás alguna herida.

NARANJO. Si sueñas que el árbol está lleno de frutos, pronto tendrás noticias que te dejarán perplejo. Si el naranjo no tiene frutos, te sentirás abandonado y despreciado por tus amigos.

NARIZ. Ver o tener una nariz corta o muy chata en el sueño revela enemistades. Exageradamente larga, es un signo de salud y de bienestar. Si aparece muy grande y abultada, augura infidelidades amorosas.

NAUFRAGIO. Si sueñas que viajas en un barco y este naufraga, deberás estar alerta para evitar que te suceda alguna desgracia.

NAVAJA. No es de buen augurio soñar con una navaja, ya que significa peleas y disputas familiares.

NAVÍO. Si navegas a bordo de un barco y el viaje transcurre felizmente, la suerte te será favorable. Si durante la navegación este ardiera, tendrás mucha suerte en tu vida, trabajo o negocios.

NEBLINA. Verse envuelto en la neblina significa el estancamiento en tu trabajo y actual modo de vivir, por lo cual habrás de armarte de paciencia y esperar tiempos mejores.

NECESIDAD. Si sueñas que te hallas en un lamentable estado de necesidad, tanto de trabajo como de dinero, pronto cambiará tu situación con un aumento inesperado de fortuna.

NEGOCIO. Si sueñas que tienes un negocio o una buena colocación o empleo y te sientes abrumado por el trabajo, recibirás noticias agradables y prosperidad inesperada. Este mismo pronóstico puede aplicarse si sueñas que tu negocio va mal o está en quiebra.

NEGRO. Soñar algo de color negro, es augurio de penas tristezas y quebrantos, ya que este color solo nos trae desgracias y melancolías.

NERVIOS. Si, en sueños, sufres un ataque de nervios, te está avisando de una enfermedad pasajera y sin consecuencias.

NEVADA. Si ves una nevada o estás en medio de ella, tu situación actual irá mejorando paulatinamente; en el caso de que la nieve cayera con violencia, cubriendo los árboles y las casas, te aseguraría una rápida prosperidad, paz y alegría en el hogar así como atenciones y obsequios de familiares y amigos.

NIDO. Si el sueño es de un nido de pájaros, te vendrán alegrías; en cambio, si es de serpientes, se verterán calumnias sobre ti.

NIEBLA. Este sueño te avisa de que no debes descuidar tu trabajo ni tus problemas caseros.

NIEVE. Soñar con ella en cualquier estación, menos en invierno, es augurio de una buena cosecha para los labradores, aunque para el resto de las personas significa malos negocios y pérdidas.

NINFA. No es este sueño un buen augurio para la mujer, ya que deberá protegerse de una amiga que trata de enamorar al hombre a quien ama.

NIÑERA. Si tienes algún negocio y has soñado con una niñera, procura vigilar a la persona en quien has depositado tu confianza para cuidártelo.

NIÑO. Por regla general, es un sueño con buenos augurios. No obstante, debemos ver a los niños alegres, juguetones y sanos. Si en tu sueño cargas con él, indica tristezas. Si se trata de un recién nacido, es una señal de prosperidad.

NÍSPEROS. Soñar con esta fruta significa que eres una persona abúlica y perezosa y solo podrás alcanzar la suerte o el triunfo en tu vida con tu laboriosidad y trabajo.

NIVEL. Ver en tu sueño un nivel, el instrumento que sirve para comprobar la horizontalidad, significa que tratarás con gente de conducta intachable, que por nada se avendrán a ayudarte o protegerte en algún asunto cuya solución no sea decente ni correcta.

NOCHE. Si sueñas con una noche estrellada, es una señal de felicidad en el hogar y en tu trabajo. Al contrario, si lo haces con una noche tenebrosa, serás objeto de intrigas por parte de algunos amigos. Soñar que paseas por la noche te augura penas. Ver brillar la luna en horas nocturnas revela una declaración de amor.

NODRIZA. Es un sueño de mal pronóstico, ya que indica dolor, penas y aflicciones.

NOGAL. Soñar con recoger nueces caídas al suelo es una advertencia de que debes moderarte en tus actuaciones.

NOMBRAR. Si oímos que nos llaman por nuestro apellido, hemos de tomar precauciones en nuestro negocio, para evitar lamentables perjuicios.

NOTARIO. Si sueñas con un notario, te enterarás de un próximo matrimonio.

NOTICIAS. Si en sueños recibes buenas noticias, significa que te sobrevendrá una enfermedad o accidente. En cambio, si esas nuevas que recibes anuncian desgracias, predicen dichas y venturas para ti y los tuyos.

NOVELA. Soñar que te encuentras leyendo alguna novela es señal de que van a invitarte a alguna fiesta; pero si el texto que lees te resulta tedioso y aburrido, esa fiesta a la que asistirás no habrá de ser de tu agrado.

NOVENA. Asistir a una novena en un acto de devoción quiere decir que la persona que sueña con ella es sencilla y caritativa.

NOVICIO. Si sueñas con un novicio, vestido con su hábito religioso, presagia juventud y amor de tus semejantes. Puedes considerarlo una llegada de satisfacciones muy pronto.

NOVIO. El hombre que es él mismo quien va vestido de novio, dispuesto para contraer matrimonio, ha de tener en cuenta que es un augurio de boda frustrada o de enfermedad.

En el caso de que sea una mujer, también llevando su vestido de novia, es un presagio nefasto que nos alerta sobre la próxima defunción de un familiar o de otra persona querida.

NUBES. Este sueño predice discordias, riñas y desavenencias entre familiares, que llegarán a disiparse si vemos que las nubes se van alejando y se disuelven.

NUDO. Ver nudos de cuerdas o de hilos indica dificultades y enredos; pero si en el sueño llegas a deshacerlos, tal vez logres vencer este presagio.

NUERA. Es un buen augurio soñar con una nuera, ya que significa comprensión y apoyo de alguna persona amiga.

NUEZ. Si en tu sueño te ves partiéndolas y comiéndotelas, tendrás dificultades con la familia o los amigos.

NÚMEROS. Soñar con números en general, sin especificación alguna -es decir, que ni recuerdas cuáles fuero-, revela contrariedades. Si se soñara con el número 1, debemos alejarnos de malas compañías; si lo hacemos con el 2, hemos de protegernos de algún amigo que trata de agasajarnos; si es el 3, nos quiere decir que huyamos de discusiones y pleitos. El número 4 es señal de peleas y desavenencias. Si soñamos con el 5, tendremos buena suerte.

NUPCIAS. Si soñamos con ellas, nos vaticinan la llegada de un familiar o amigo con cuya visita recibiremos grandes satisfacciones. Si estamos invitados a ellas, nos llegarán ingratas noticias.

OASIS. Si sueñas que te hallas en un oasis, es augurio de dichas familiares, amistades firmes y gratas vacaciones

OBELISCO. Este sueño significa que algún familiar o amigo no tardará en ofrecernos su ayuda y apoyo para elevarnos, mejorar y triunfar en nuestra situación actual.

OBERTURA. Si soñamos con una obertura musical, recibiremos beneficiosos agasajos y magníficas oportunidades.

OBESIDAD. Soñar que engordas es un buen augurio de suerte en el trabajo y en la lotería. Adelgazar significa todo lo contrario.

OBISPO. Soñar con un obispo augura ayuda y una protección muy alta que no esperábamos.

OBSTÁCULO. Soñar con obstáculos que se nos presentan en sueños vaticina fracasos, tanto en nuestro negocio como en nuestro trabajo. Pero si conseguimos franquearlos, acabaremos por vencer todas las dificultades.

OCA. Si ves en sueños una o varias ocas, es señal de felicidad doméstica. En cambio, si las oyes graznar, indica dificultades.

ODIO. Soñar que odiamos a una persona conocida nos quiere decir que esa misma persona también nos aborrece en la vida real. Soñar que alguien nos odia es augurio de felicidad y de segura reparación de actos e injusticias que se nos han infligido.

OFICIAL. Ver en sueños a algún oficial del ejército nos traerá felicidad y suerte. Soñar que uno mismo lo es, conlleva promesas y dichas de amor.

OFICINA. Si en el sueño te encuentras en tu propia oficina, recibirás noticias gratas. Si estás simplemente como empleado, mejorarás en tu trabajo y tendrás éxito en tu vida.

OÍDOS. Soñar que oyes significa que alguien trata de hablar contigo a fin de proponerte algo interesante para ambos. Si te zumban los oídos, recibirás malas noticias.

OJOS. Si los ojos con los que sueñas son grandes y expresivos, presagian alegría. Si son tristes y apagados, auguran tristezas. Si nos miran cariñosos o insinuantes, son indicio seguro de infidelidades. Si están cerrados, debemos desconfiar de alguien de nuestro entorno. Cuando se trata de ojos saltones, deben interpretarse como envidias y perjuicios.

OLAS. Si sueñas con unas olas imponentes, debes protegerte de algún enemigo que te acecha.

OLEAJE. Soñar con un fuerte oleaje augura que alguien que está contigo o trabaja en tu negocio puede traicionarte. Si el oleaje es suave, pronto conocerás a una persona con la que entablarás una buena amistad.

OLIVO. Ver un olivo en el sueño es un buen augurio, que nos traerá comunión de afectos entre familiares y amigos, así como paz y tranquilidad. Y si el olivo está lleno de aceitunas, contaremos con la llegada próxima de un hijo.

OLLA. Soñar con este utensilio significa la pérdida de un gran amor o amistad.

OLMO. Se trata de un sueño que nos revela pobreza, excepto para los leñadores, los carpinteros y los que en su trabajo tengan relación con la madera en general.

OLOR. Es buen augurio de salud y de afecto si se huele en sueños, siempre que se trate de un olor agradable. Si este fuera desagradable, deberemos tener prudencia con la salud y con los amigos.

OMBLIGO. Si en tu sueño aparece un ombligo, nos augura peligros y acusaciones.

ÓNIX. Soñar con una figura u objeto de ónix predice que habremos de cuidar nuestra salud.

ÓPALO. Este sueño es un buen augurio. Pronto recibirás un regalo.

ÓPERA. Si sueñas que escuchas una ópera, indica vanos placeres y desidia, por lo cual tienes que procurar ser una persona ordenada, si quieres salir airoso de tus preocupaciones.

OPERACIÓN. Verla practicar señala la pérdida de un amigo por disgusto o muerte. Si es uno mismo quien es intervenido quirúrgicamente, significa la pérdida de bienes.

ORACIÓN. Si eres tú quien la eleva a Dios o a alguno de tus familiares o amigos fallecidos, recibirás una justa compensación en beneficios, tanto en dinero como en el trabajo.

ORÁCULO. No te fíes de quien quiera interpretar tu vida con exorcismos o naipes.

ORADOR. Si sueñas con una persona que está pronunciando un discurso, procura librarte del que te haga vanas proposiciones.

ORANGUTÁN. Soñar con un orangután, gorila, chimpancé y demás familia de los grandes monos nos está avisando de que sabremos de algún amigo que critica nuestros defectos, aunque hace tal burla sin mala intención y, puede traernos beneficios.

OREJAS. Si en sueños vemos unas orejas físicamente bonitas o las tenemos nosotros mismos, es augurio de éxitos. Si te las limpias, alguien se nos ofrecerá como servidor y amigo. Si oyes un zumbido, se está murmurando de ti. Soñar con unas orejas largas te avisa con seguridad de que vas a cometer alguna torpeza; Si son cortas, tendrás que estar atento y no fiarte de alguien que pretende engañarte. Vernos sin orejas significa que vamos a recibir luctuosas noticias relativas a la pérdida de una persona querida. Si viéramos unas orejas de asno u otro animal irracional, nos revelaría una traición.

ORFANDAD. Si sueñas que te quedas huérfano, es de mal augurio, pues estás expuesto a sufrir un accidente.

ORGANILLO. Es un sueño con mal pronóstico ver un organillo, puesto que nos anuncia el fallecimiento de un familiar.

ÓRGANO. Si se trata de un órgano musical, oírlo nos indica bienestar en el hogar y en el trabajo e incluso puede anunciarnos un próximo enlace. Sin embargo, tocarlo es señal de un duelo próximo. Si sueñas con los órganos genitales, te predice impotencia o esterilidad.

ORINAR. Si sueñas que estás haciéndolo junto a una pared, tendrás éxito en tu trabajo o negocio. Si lo hicieras en la cama, significa que sufrirás contrariedades.

ORINES. Soñar con orines es augurio de buena salud. En caso de soñar que los bebes, llegará a su fin la enfermedad, que ahora te aqueja.

ORO. En sueños, el oro no significa ni bienestar, ni paz, ni beneficio alguno. Si lo encontramos, es señal de inútiles trabajos. Si lo conseguimos, nos aguardan grandes disgustos. En general, verlo, hallarlo o poseerlo significa vana ambición o reprensible avaricia.

ORTIGAS. Soñar con ortigas es augurio de traiciones y contrariedades. Sin embargo, si nos pinchamos con ellas, significan provecho y buenos resultados en nuestros asuntos.

ORUGAS. Soñar con orugas es señal de traiciones.

OSCURIDAD. Verse en tinieblas, sin poder distinguir nada, augura ciertas contrariedades en nuestra vida; si a través de esa oscuridad vislumbras un rayo de luz, deberá interpretarse como una victoria sobre los inconvenientes que se te presenten, aunque, desde luego, con perseverancia y trabajo.

OSO. Si ves un oso correr en tu sueño, obtendrás beneficios en tus negocios. Si este animal te acosa, es augurio de penas y contrariedades. Soñar con varios osos indica que pronto tendrás ayuda para algo que necesitas. Si el animal está quieto y pacífico, disfrutarás de paz y tranquilidad.

OSTRAS. Si en sueños ves ostras, las recolectas o las comes, todo te augura buenas amistades, éxito en tus negocios y logro de dinero.

OVACIÓN. Soñar que eres objeto de una ovación predice desengaños en la vida real.

OVEJA. Es un buen presagio soñar con ovejas, máxime si son tuyas. Verlas sacrificar es augurio de sinsabores y lágrimas. Una oveja negra, sola o entre el rebaño, es señal de amores prohibidos, de los que debes procurar separarte.

P

PABELLÓN. Aunque soñar con un pabellón es de mal augurio, sobre todo al comenzar un negocio, si no pierdes el ánimo ante las contrariedades que pudieran surgirte llegarás a triunfar en tu empresa.

PACTO. Si sueñas que haces un pacto con el diablo, es presagio de éxitos que, para tu tranquilidad, debes procurar no conseguir por medios ilícitos.

PADRE. Ver a los padres en sueños significa dichosas esperanzas. Si charlas con ellos, recibirás buenas noticias. Verlos muertos es augurio de desgracia.

PADRINO. Soñar con padrinos significa próximo bautizo o boda.

PAGAR. Si sueñas que pagas a los obreros, empleados o personas que dependen de ti, obtendrás una gran recompensa. Si pagas a tus acreedores, quiere decir que cambiarás pronto de domicilio. Si cancelas una deuda, tendrás tranquilidad y consuelo.

PAISAJE. La interpretación de este sueño es que recibirás noticias de una persona querida que se halla ausente. También puede anunciar aumento de familia.

PAJA. Si sueñas que la ves en abundancia y bien acomodada, es señal de prosperidad y riqueza; desparramada, significa miseria, y si está mojada pronostica penurias aún peores. Ver quemar paja, indica intranquilidad y pesadumbre. Dormir sobre ella es augurio de buena fortuna.

PÁJARO. Si lo vemos volar, es señal de felicidad y provecho. Si canta, augurio de éxitos en nuestros negocios. Si lo matamos, nos espera una desgracia familiar.

PAJE. Si sueñas con un paje, recibirás una proposición amorosa que puede perjudicarte y que debes eludir. Mantén tu seguridad y confianza en la vida que llevas.

PALA. Este sueño señala que seguramente tu situación no es tan firme y agradable como merece, pero, con tu constancia, lograrás grandes ventajas.

PALACIO. Si sueñas con un palacio y vives en él, no te faltarán problemas que te amarguen la vida.

PALMERA. Soñar con palmeras es un buen augurio de que se cumplirán nuestros deseos o ilusiones y, con toda seguridad, vaticina un matrimonio y feliz éxito en el trabajo o estudios.

PALO. Soñar con un palo es señal de penas. Apoyarse en él nos revela enfermedades. Apalear a alguien es augurio de beneficios; pero si en sueños eres tú el apaleado, tendrás sinsabores y pleitos.

PALOMA. Si sueñas con palomas en su nido, nos habla de una boda próxima. Tenerla en la mano o sobre nuestros hombros es un buen presagio de obtener beneficios.

PALOMAR. Si sueñas, simplemente, con un palomar, predice que debes vigilar estrechamente a tus hijos.

PAN. Si el pan que ves o comes es blanco, significa provecho para el rico y escasez y perjuicio para el pobre; pero si es moreno, indicará todo lo contrario. El que sueña que come pan dulce disfrutará de halagos y fiestas familiares.

PANORAMA. Si sueñas con un hermoso panorama, significa que harás pronto un viaje.

PANTALLA. Si sueñas con una pantalla, señala que eres muy susceptible y dudas de algunas personas que te rodean. Júzgalas bien y obra en consecuencia.

PANTALÓN. Si en el sueño el pantalón es nuevo, augura éxitos. Si esta prenda se halla en mal estado, es señal de indigencia.

PANTANO. Solo si en tu sueño lo ves lleno y limpio puede significar prosperidad. Si está vacío y encenagado, significa lo contrario, miseria. Ten cuidado con la marcha de tus negocios.

PANTERA. Soñar con una pantera es siempre un mal presagio.

PANTOMIMA. Si soñamos que representamos una pantomima, tendremos que procurar aprovechar mejor nuestro tiempo en nuestra vida real.

PANTORRILLA. Si en tu sueño aparece bien formada, te anuncia que harás un viaje. Si la ves delgada, significa que no se alterará tu estado actual, aunque tal vez sea augurio de amores afortunados.

PAÑO. Si el paño con que soñamos es fino y de buena calidad, presagia que nuestra conducta será apreciada. Paños corrientes o vulgares predicen pobreza que, aunque honrosa, no nos servirá para nada.

PAÑOLETA. Soñar que te la pones para lucirla es señal de que muy pronto te harán un buen regalo.

PAÑUELO. Si sueñas con un pañuelo sucio, es un augurio de penas. Si se trata de un pañuelo blanco y limpio, vaticina gratas compañías. Si es de color rojo, tendrás riñas amorosas o matrimoniales. Un pañuelo negro significa luto.

PAPA. Es un buen augurio soñar con el papa, pues nos augura que tendremos grandes alegrías.

PAPAGAYO. Soñar con un papagayo significa que no tardarás en desenmascarar a un amigo falso.

PAPEL. Si es blanco el papel con el que sueñas, es señal de alegría. Si se trata de papeles de negocios, pronostican disgustos y pleitos. Soñar con papel de cartas quiere decir que vas a recibir buenas noticias. Si fuera de periódico, te surgirán dificultades inesperadas.

PAQUETE. Soñar que envías o recibes un paquete significa que debes esforzarte en rectificar pensamientos, ideales o modo de ser en tu actuación en la vida.

PARACAÍDAS. Descender en un paracaídas o ver que alguien lo hace apunta a que pronto saldrás de tus problemas y dificultades.

PARAGUAS. Llevar un paraguas o cubrirse con él en tu sueño significa protección y ayuda. Perderlo augura un feliz hallazgo o una grata sorpresa. Si, por una racha de viento, el paraguas se volviese del revés, sufrirás una amenaza de traición.

PARAÍSO. Si sueñas que te hallas en un paraíso, tendrás felicidad y gratos placeres.

PARÁLISIS. Soñar que estás impedido es una señal de mal augurio. Si es un familiar o amigo quien sufre de parálisis en tu sueño, deberás tener cuidado con los negocios que pueda proponerte esa persona.

PARCHE. Llevar un parche, bien sea pegado en la piel o como remiendo en tu traje, significa que no tardarás en encontrarte con una persona ideal a quien estabas buscando desde mucho tiempo atrás, con la cual hallarás la felicidad.

PARED. Soñar que construyes una pared es señal de que tu vida irá deslizándose con paz y tranquilidad, sin penas y agobios, tal como ahora vives. Si la ves derrumbarse, pueden realizarse tus esperanzas e ilusiones respecto a una mejora.

PARIENTE. Ver en sueños a nuestros parientes, en el caso de que estos vivan con ahogo y carencia de bienes, augura acontecimientos tristes y penosos.

PARIHUELAS. Este sueño nos pone sobre aviso de sufrir una enfermedad o un accidente. Procura cuidarte todo lo posible para evitar estas desgracias.

PÁRPADO. Soñar con párpados indica abundancia.

PARQUE. Si, en tu sueño, paseas por un hermoso parque, significa que gozarás de unas gratas vacaciones. También pronostica el restablecimiento de los enfermos. Ser el propietario de un parque es augurio de contrariedades y miserias, como castigo a nuestra vanidad.

PARRA. Ver o plantar parras significa cambio de estado, si eres soltero, o ayuda, en el caso de que estés casado.

PARRILLA. Este sueño te advierte que debes procurar cuidarte con respecto a una enfermedad gástrica.

PARTO. En general, este sueño indica dicha y tranquilidad. Asistir a él te traerá aumento de fortuna, siempre en proporción al número de nuevos seres que veas nacer. Soñar con un parto feliz presagia prosperidad. Solo en el caso de que el parto fuera muy difícil e incluso hubiera que recurrir a una cesárea, tendrías motivos para temer a las contrariedades.

PASAPORTE. Si sueñas que te entregan un pasaporte, significa que el viaje que tenías proyectado habrá de retrasarse por la llegada de una mala noticia.

PASAS. Recolectar o comer pasas es un sueño de mal augurio. No esperes más que sinsabores y problemas.

PASCUAS. Si sueñas que estas celebrando las tradicionales fiestas de Pascua, no tardarás en verte involucrado en unos amoríos desdichados. Sin embargo, si quien sueña es una

135

mujer, pronto encontrará un hombre con el que podrán presentarse muchas posibilidades de matrimonio.

PASEO. Soñar que se está paseando en compañía de varias personas es el anuncio de promesas pasajeras que no llegarán a realizarse.

PASTEL. Hacer o comer pasteles o pastelillos en tu sueño significa goces y satisfacciones. Ver a niños comerlos en una fiesta familiar es señal de que tenemos que cuidar de nuestros hijos o hermanos menores, que podrán ser víctimas de algún accidente lamentable. Si se nos cae al suelo el pastel que comemos, sobrevendrán contrariedades.

PASTILLA. Si sueñas que ves o que tomas pastillas significa que pronto recibirás un regalo, aunque quien te lo ofrece lo hace por interés.

PASTOR. Si, en sueños, aparece el pastor sin su rebaño, es una indicación clara de que pronto conocerás una persona que tal vez pueda cambiar tu vida. Si está con el rebaño, significa un posible matrimonio.

PATADA. Si sueñas que le das puntapiés a alguna persona, recibirás algunas pequeñas ventajas en tu situación actual.

PATATAS. Verse comiendo patatas en sueños indica que los proyectos o asuntos que actualmente tienes pendientes lograrán magníficos resultados que mejorarán tu vida actual.

PATÍBULO. Si te ves en él, te llenarán de honores y dignidades.

PATÍN. Si sueñas que patinas en una pista o en la nieve, tendrás ganancias fáciles. Si, patinando, te caes, es evidente que tendrás que procurar no cometer imprudencias.

PATIO. Soñar con el patio de la propia casa significa que recibirás la grata visita de unos amigos. Si fuese muy grande, sería augurio de prosperidad. El patio de una cárcel anuncia pérdida de dinero.

PATO. Soñar con patos es señal de murmuraciones y habladurías. Si los cazas, te llegarán beneficios y tranquilidad en tu vida. Si sueñas que te los comes, significa que recibirás buenas noticias.

PAVO. Si sueñas con un pavo, pronto se celebrará una fiesta en tu hogar en conmemoración de un fausto suceso.

PAVO REAL. Soñar con esta ave, símbolo de vanidad y de presunción, significa que estamos rodeados de personas falsas e hipócritas. Si lo ves haciéndole la rueda a tu pareja, augura un matrimonio conveniente y ventajoso.

PAYASO. Soñar con uno o más payasos trabajando en el circo predice diversión y una breve alegría.

PAZ. Si sueñas con ella, esto es, que existe paz y tranquilidad en el hogar, deberás mantener tu buena conducta para lograr que perdure.

PEBETERO. Si en tu sueño ves o usas un pebetero para quemar incienso u otros perfumes, significa que temes disgustos y perjuicios por algo no muy correcto que has cometido.

PECHO. Si el pecho del hombre con quien sueñas es velludo, indica prosperidad y ganancias. Si es una mujer quien sueña y está casada, presagia una viudez inesperada. Unos pechos femeninos y exuberantes, indican salud y larga vida. Un pecho traspasado por un arma es augurio de malas noticias.

PEDRADA. Tanto si eres tú quien la da como quien la recibe, revela amoríos y aventuras fáciles con mujeres de conducta dudosa.

PEGAR. Soñar que estás pegando cualquier objeto te está avisando de que pronto tendrás noticias de alguna persona amiga, a la cual considerabas una egoísta, que se ofrecerá a ayudarte en algo que te dará buenos resultados y mejor rendimiento. Si en tu sueño te ensuciaras las manos con el pegamento que estás usando, significa que se te presentarán problemas con gente desconsiderada e intrigante. Si le pegas a alguien, es una señal de paz hogareña. Pegarle a la esposa en sueños revela la posibilidad de adulterio por parte de ella. Si se pega a un animal, es un mal presagio, ya que cometerás faltas graves.

PEINADO. Peinar a una persona indica que habrá riñas y disgustos, excepto si se trata de un niño, que es augurio de buena salud para tus hijos y éxito en sus estudios.

PEINE. Soñar simplemente con un peine predice desavenencias matrimoniales. Si lo regalas, te vaticina la creación de una buena amistad con una persona del sexo opuesto.

PELADILLAS. Si sueñas que comes peladillas, es presagio de próximas alegrías y fiestas, bien en tu casa o en la de personas a las que estimas.

PELDAÑOS. Subir por los peldaños de una escalera indica que tendrás aventuras amorosas.

PELEA. Si sueñas que te peleas con un familiar o amigo, ten por seguro que tu contendiente te ayudará a remediar tu situación o colaborará con tu negocio. Si las personas con quienes peleas son desconocidas, te anuncian que recibirás malas noticias. Si la disputa se produce entre marido y mujer o entre novios, quiere decir que obtendrás un regalo.

PELETERÍA. Si se trata de pieles de lujo, para la mujer que sueñe con ellas pronostica riqueza. Si fuese un hombre, será señal de estancamiento en su situación. En el caso de que las pieles estuvieran deterioradas, sería augurio de despecho y contrariedades amorosas.

PELIGRO. Soñar que se corre un peligro es un buen augurio de que tu situación mejorará, desde luego poniendo de tu parte trabajo y voluntad para conseguirlo.

PELLIZCO. Si lo das o te lo dan, este sueño indica que, por tus inconsecuentes diversiones fuera de tu hogar, llegarás a caer enfermo. Ten presente que tu familia es lo primero.

PELO. Soñar con alguien que tiene el pelo negro es una señal de desgracia, Pero si es rubio, nos traerá alegría y satisfacciones. Ver o llevar el pelo desgreñado nos avisa de que hay probabilidad de sufrir contrariedades. El pelo largo, si es un hombre el que lo lleva, nos conducirá a desengaños. Si lo luce una mujer, nos augura una vida tranquila, un matrimonio apacible y la llegada de hijos saludables.

PELOTA. Si en tu sueño ves una pelota y estás jugando con ella, significa que pronto te pagarán una deuda. Ver simplemente que bota quiere decir que ese pago se demorará un tiempo.

PELUCA. Si sueñas con ella, te anuncia que sufres o sufrirás reumatismo y, por lo tanto, tendrás que cuidarte.

PELUQUERO. Si sueñas que quien te atiende en el arreglo de tu cabello es una persona limpia y elegante, significa que prosperarás en tu trabajo o negocio. Un peluquero desaliñado y sucio indica todo lo contrario. Si el peluquero fueras tú, y atiendes a un cliente, es augurio de enfermedad.

PENACHO. Un hermoso penacho anuncia inesperadas riquezas. Cuanto más rico y hermoso sea, mayores serán los beneficios. No obstante, en algún caso puede significar querellas, de las cuales saldrás siempre bien parado.

PENAS. Si sueñas que sientes una profunda pena, no te preocupes, ya que recibirás inmediato consuelo. En el caso de que en tu sueño seas tú quien las provoque entre familiares, serás tú mismo quien las remedie entre las personas afectadas por ellas.

PENDIENTES. Si los pendientes son de valor, de oro y con piedras preciosas, significan para la mujer que sueña con ellos un aviso de deshonor que no se imagina ni espera. Si está casada, tendrá grandes disgustos con su esposo, a menos que procure evitarlos con prudencia y tratándolo con cariño.

PENSAMIENTO. Si el sueño se refiere a la mística flor, es señal de que alguna persona ausente te recuerda con cariño.

PEÑA. Soñar simplemente con una o más peñas te está avisando de que te hallarás envuelto en infidelidades que pueden ocasionarte graves consecuencias. Este sueño revela amores prohibidos, por lo que tendrás que procurar que no te descubran.

PEÑASCO. Si soñamos que nos hallamos en la cima de un peñasco, pronto se realizarán nuestros más anhelados deseos. Si trepamos en él, es un buen augurio para nuestras aspiraciones. Si soñamos que descendemos de él con violencia, es señal de contrariedades.

PEPINO. Comer pepinos en sueños es un claro aviso de que sufrirás penas sentimentales que dejarán profundas huellas en tu corazón. Ofrecérselos a una persona desconocida es señal de que, involuntariamente, les causarás penas o disgustos a un familiar o amigo a quien verdaderamente estimas.

PERA. Si sueñas que comes peras muy maduras, es un augurio de gratas satisfacciones. Y tal vez pueda ser este sueño el anuncio de un matrimonio, según el estado en que te encuentres. Si las peras están verdes, significa que pasarás unos días con nerviosismo, que sin embargo se disipará pronto con tu voluntad y esfuerzo.

PERCHERO. Si quien sueña con él es una persona ya mayor, debe intentar elevar su ánimo para evitar caer en una abulia que tal vez podría llevarla a una vejez prematura.

PERDER. Si el que sueña ve que se pierde o se extravía en un camino o en una ciudad, se encontrará con obstáculos que se le presentarán inopinadamente. En cambio, si soñamos que hemos perdido un objeto, será augurio de un feliz hallazgo.

PERDIZ. Soñar con esta ave revela relaciones y amistades placenteras. Matarla nos alerta de engaños o fraudes por parte de un amigo o socio. Si en el sueño estás comiéndote una perdiz, es un signo de riquezas, aunque también puede interpretarse como una depresión por algún acontecimiento imprevisible.

PERDONAR. Conceder el perdón a una persona por una mala acción que haya cometido es un mal augurio de penas y lutos.

PEREGRINACIÓN. Soñar que tomas parte en una peregrinación indica que estás pasando por unos momentos de intranquilidad y preocupación. Si te separas de los peregrinos, seguramente conseguirás alejar los pensamientos que te agobian.

PEREGRINO. Es un buen presagio soñar con un peregrino, siempre que tú no lo seas. Anuncia que pronto harás un viaje.

PEREJIL. Es una señal de ilusiones truncadas y falsas esperanzas.

PERFUME. Si sueñas que vas muy perfumado, significa que recibirás ingratas noticias de pérdidas y fracaso. Si quien sueña con él es una mujer, quiere decir que el hombre a quien ama le engaña con otra.

PERICO. Soñar con un perico te está poniendo sobre aviso de que sufrirás contrariedades que vendrán a través de mentiras y calumnias de algún amigo o vecino. Si sueñas, en cambio, que regalas el perico o los periquitos, te librarás de las maledicencias y envidias que puedan amenazarte.

PERIÓDICO. Leer un periódico es señal de críticas y burlas. Si escribes en él, tendrás una racha de suerte, la cual debes procurar mantener para que perdure. Si en el sueño ves montones de periódicos, desconfía de algún amigo que te traiciona.

PERLA. Soñar con perlas nos advierte que vendrán tristezas, penuria y hambre. Si te ves ensartándolas para hacer un collar, el pronóstico no será tan lamentable, aunque de todos modos es una señal de soledad, decaimiento y fastidio. Si las perlas fueses falsas, revelarán pérdida de ilusiones.

PERMISO. Si sueñas que solicitas un permiso para salir al extranjero o establecer un negocio, es augurio de alegrías y placeres, aunque de corta duración.

PERRO. Si ves en tu sueño un perro de color negro, te indica que debes precaverte contra un enemigo peligroso. Un perro dormido es señal de paz y tranquilidad. Si ladra o gruñe, hay que procurar cuidarse uno mismo y a la familia. Varios canes en actitud tranquila o durmiendo significan buena salud y aumento de hijos. Si se están peleando entre ellos o con otro animal, puedes verte envuelto en reyertas.

PERSECUCIÓN. Soñar que nos persigue una persona o un animal nos presagia engaños en el terreno amoroso.

PERSONALIDAD. Si soñamos que recibimos la visita de una personalidad, es señal de honor y consideraciones. En general, ver una persona que ocupa altos cargos indica alegría y consuelo en las desgracias que puedan afligirnos.

PESADILLA. Este sueño augura infidelidades de tipo conyugal.

PESADUMBRE. Soñar que estás pasando por penas y contrariedades significa que pronto recibirás una sincera protección por parte de tus jefes o superiores.

PESCADO. Si lo ves en sueños, lo compras o estás comiéndolo, vaticina que no tardarás en lograr un buen empleo y ganancias que mejorarán tu actual estado de vida.

PESCAR. Si sueñas que eres tú mismo quien pesca o ves a otra persona pescando con caña, es mal augurio, ya que presagia miseria. Si se pesca con red, es señal de que mejorará nuestro estado o situación, y será mejor cuanto mayores sean los peces que capturamos.

PESO. Si soñamos que levantamos grandes pesos, quiere decir que nuestros esfuerzos merecerán un justo premio.

PESTE. Si en sueños te ves atacado por esta terrible enfermedad, significa que pronto alcanzarás una envidiable situación debido a que vas a recibir mucho dinero, por herencia, regalo o gracias a la lotería.

PETACA. Si la petaca está repleta de ropa u otros objetos en tu sueño, es señal de paz y de bienestar; pero si estuviera vacía, indicaría una pérdida de empleo y de dinero.

PETARDO. Soñar que eres tú mismo quien lo lanza en una reunión de gente te está indicando que debes perseverar en tu trabajo para llegar a alcanzar una situación envidiable.

PETATE. Si es una persona pobre la que sueña que está durmiendo sobre un humilde petate, su vida mejorará notablemente y adquirirá un gran bienestar. Si quien sueña es una persona rica, es augurio de pérdida de dinero.

PETROLERO. Soñar con petróleo significa que debes estar alerta para evitar algún incendio.

PEZ. Si los peces con los que sueñas son grandes, se interpreta como abundancia y prosperidad. Si son pequeños, indica escasez. Si se trata de peces de colores, recibirás malas noticias de un amigo gravemente enfermo. Soñar que te comen los peces, es un mal presagio de tristeza y melancolía.

PIANO. Ver un piano en tu sueño significa que tendrás un periodo de felicidad fugaz. Si tú lo tocas u oyes que alguien lo está tocando, es augurio de enemistades.

PÍCARO. Si sueñas con una persona conocida, cuya vida sabes que está plagada de falsedades y malas intenciones, te enterarás de que hay alguien que se halla detenido o en procesos judiciales a quien hemos de ayudar y socorrer en lo posible.

PICHÓN. Soñar con esta ave nos está hablando de amor sincero, de paz y bienestar.

PICO. Soñar con esta herramienta significa que eres una persona activa y trabajadora. Si se trata del pico de una montaña, nos augura éxitos en nuestro trabajo.

PIE. Si en tu sueño aparecen unos pies limpios, es señal de buenas amistades; cuando están sucios, ten cuidado con las malas compañías, de las cuales debes alejarte. Si sueñas con pies heridos o cortados, predice penas y sinsabores. Si están atados, es augurio de parálisis. Besarle los pies a una persona es una muestra clara de humildad. Si sueñas que tienes un pie fracturado, presagia fracasos en los viajes o en los negocios.

PIEDRA. Si sueñas que lanzas piedras, esto significa sufrimiento por celos. Si caminas sobre ellas, quiere decir que sufrirás contrariedades en tu vida.

PIEDRAS PRECIOSAS. Los sueños relacionados con piedras preciosas tienen, por regla general, malos augurios. Por supuesto, hay excepciones o interpretaciones más optimistas, si solo se ven, se tocan o se lucen. He aquí lo que algunas de ellas vaticinan: amatista satisfacciones pasajeras; berilo, amores aunque costosos; coral, peligro en el mar; diamante, triunfo fugaz en el negocio; esmeralda, éxitos; granate, felicidad después de ímprobos trabajos; lapislázuli, amor correspondido; ópalo, malos presagios; rubí, aventuras amorosas perjudiciales; topacio, éxitos; turquesa, ganancias tras ardua lucha y zafiro, favores y amistad.

PIEL. Si se trata de una piel blanca es señal de dificultades que irán desvaneciéndose paulatinamente. Si es negra, nos está avisando de que debemos ahorrar para evitarnos malestares futuros. Cuando se trata de una piel amarilla, es pronóstico de penas. Si la piel es de un animal, es señal de dinero.

PIERNA. Si sueñas con piernas fuertes y bien formadas, realizarás un viaje feliz. Hacerlo con piernas hinchadas o ulceradas es presagio de desazones y perjuicios. Una pierna de madera significa la pérdida de un amigo que nos protegió. Si está amputada, es un mal augurio de enfermedad o muerte.

PILA. Si se trata de una pila de agua bendita, vaticina el fin de nuestras penas y aflicciones.

PILLAJE. Si sueñas que tomas parte en un acto de pillaje, te avisa de que debes estar muy atento para librarte de los ladrones.

PIMIENTA. Si sueñas con ella o la tomas como condimento en alguna comida, es señal de que se cierne algún peligro sobre ti.

PINCHARSE. Es un mal sueño que uno mismo se pinche con una aguja, ya que es un presagio de contrariedades, inestabilidad en tu actual situación e incluso descrédito personal.

PINGÜINO. Si tienes proyectos para el trabajo o negocio y sueñas con pingüinos, tendrás dificultades que, por suerte, se remediarán en breve.

PINO. Soñar con pinos te asegura un buen estado de salud. En el caso de que los estén cortando, recibirás malas noticias.

PINTAR. Si eres tú quien pinta, es una señal de larga vida. Si en tu sueño ves a otra persona pintando, significa que tendrás un afortunado encuentro con un amigo.

PINTURA. Tendrás que descifrar el sueño de acuerdo con los colores, definiendo como buen augurio los claros, que significan alegría y bienestar, mientras que los más oscuros señalan penas y quebrantos.

PIÑA. Soñar con una piña o comerla en sueños vaticina disgustos y desavenencias en el hogar.

PIOJO. Quien sueñe con piojos recibirá, con seguridad, dinero en abundancia.

PIPA. La persona que sueña que fuma en pipa obtendrá honores y beneficios. Pero si la rompe, sufrirá disgustos y contrariedades.

PIRAGUA. Soñar con una piragua es un aviso de que tendrás que tomar medidas para librarte de sinsabores que te pueden perjudicar.

PIRÁMIDE. Quien sueñe que escala una pirámide hasta su cúspide obtendrá renombre, fortuna y grandes riquezas.

PIROTECNIA. Ver en sueños castillos de fuegos artificiales significa que habrá grandes cambios en tu familia, tales como viajes, bodas y un giro notable en tu actual forma de vivir.

PISADA. Si soñando ves huellas de pisadas, o bien sin verlas las oyes, tiene varias interpretaciones: que llevarás a cabo un asunto que puede beneficiarte mucho, que descubrirás un importante secreto que no esperabas o que tal vez serás víctima de una gran traición por parte de una persona muy querida.

PISAR. Soñar que pisas el suelo, yendo descalzo, predice jugosos negocios.

PISCINA. Si es de agua limpia y en tu sueño la ves o estás metido en ella, es un presagio de hechos gratos. Por el contrario, si el agua estuviera turbia, vaticinaría contrariedades y disgustos.

PISTOLA. Ver en sueños simplemente una pistola es un augurio de poder y de superioridad, aunque presagia falsos provechos. Si sueñas que la estás cargando, significa que estás pensando en perjudicar a una persona que hasta ahora fue tu amigo. Si la disparas, indica cólera por tu parte y puede ser que recibas noticias que te conmocionarán.

PIZARRA. Soñar con una pizarra vaticina obstáculos imprevisibles.

PLAN. Si en sueños has concebido un buen plan de trabajo o de negocios, no dudes en ponerlo en práctica, con la seguridad de salir triunfante.

PLANCHA. Si quien sueña con una plancha es una persona de negocios, en el caso de que tenga algún pleito, debe procurar solucionarlo por medios amistosos, sin llegar a ningún tipo de violencia, lo cual podría perjudicarle.

PLANETA. Soñar con un planeta que se vea muy brillante es un buen augurio que predice éxitos.

PLANTA. Si soñamos con plantas verdes y saludables, nos pronostican una vida feliz y una salud magnífica. Este sueño se interpreta igual si se trata de plantas medicinales.

PLANTACIÓN. Ver una plantación o hallarse en ella, sean cuales sean las plantas que allí crecen, significa que pronto tendremos la ayuda eficaz de una persona con quien no contábamos.

PLANTAR. Si en nuestro sueño somos nosotros mismos quienes estamos en un huerto o en un jardín plantando árboles, verduras o flores, nuestros proyectos de trabajo, negocios o inversiones tendrán el éxito asegurado.

PLATA. Si en sueños encontramos plata, predice que gozaremos de una larga vida. Si soñamos que la vendemos, haremos magníficos negocios

PLATOS. Ver en sueños un plato repleto de comida nos está hablando de una boda próximamente. Si soñamos con platos rotos, perderemos una buena amistad de hace mucho tiempo. Si están sucios, seremos heridos en nuestro amor propio. Soñar con una pila de platos solo nos traerá desesperanzas y fracasos.

PLAYA. Soñar con una hermosa playa, de arena suave, vaticina alegrías y fiestas. Una playa llena guijarros nos augura inconvenientes de los que saldremos apenas nos lo propongamos.

PLAZA. Soñar que vemos una plaza o que nos hallamos en ella quiere decir que las molestias o inconvenientes que ahora nos preocupan no tardarán en desaparecer.

PLEITO. Si en sueños eres actor o simplemente testigo de un pleito, es una señal de tiempo e intereses perdidos inútilmente.

PLOMO. Si lo ves en lingotes, es un aviso de que tendrás que ser prudente en tus asuntos y amigos. Ver en sueños tubos de plomo, es un presagio de buenas amistades. No obstante, procura cuidar de tu salud.

PLUMA. Unas plumas blancas, auguran dinero. Si son negras, significan estancamiento en la felicidad que esperamos. Soñar con plumas de color amarillo presagia disgustos. Si se trata de plumas verdes, es una señal de quebrantos. Cuando están sucias, significa que vendrán desgracias. Verlas volar es señal de fiestas.

POBRE. Ver en sueños a un pobre, es señal de buena fortuna para ti, máxime si lo ayudas con una limosna. Ser tú mismo el pobre es indicio de felicidad pasajera.

PODAR. Si sueñas que estás podando un árbol o arbustos, te está prediciendo una mengua en tus intereses y que debes escoger con cuidado nuevas amistades, a las que más adelante no tengas también que "podar".

PODREDUMBRE. Soñar con alimentos, con sustancias o cuerpos en estado de descomposición es un mal augurio: tu estado de salud no es muy bueno y deberás cuidarte, especialmente el aparato digestivo.

POLICHINELA. Si sueñas con polichinelas, procura no divulgar tu secreto o situación entre personas a quienes tienes por buenos amigos y no lo son.

POLICÍA. Si sueñas que la policía te persigue, por una falta o un delito que has cometido en sueños, vas a recibir una inesperada ayuda que deberás aprovechar en tu beneficio.

POLILLA. Si ves polillas en tu sueño, este insecto tan perjudicial en los hogares, significa que tus amigos o las personas a que están a tu servicio proceden con malas intenciones.

POLLO. Soñar con un pollo blanco predice la próxima llegada de un hijo o de parientes muy allegados. Si está flaco, indica que tu vida continuará tal y como se halla en la actualidad. Si sueñas que lo sacrificas, tendrás ganancias. Ver muchos pollos, reunidos, te está avisando de que habrá murmuraciones sobre ti.

POLVERA. Contemplar en sueños una bonita polvera es augurio de una próxima conquista amorosa.

POLVO. Si en sueños estás aplicándote el polvo a la cara para parecer más bella de lo que eres, es un signo de coquetería. Si se trata del polvo del camino o lo ves tal vez en tu casa, augura un riesgo de afecciones en la garganta.

PÓLVORA. Soñar con este explosivo es presagio de violencias o quizá de algún encuentro desagradable.

PORCELANA. Si sueñas con objetos de porcelana, significa un casamiento venturoso. Si las figurillas o platos estuvieran rotos, existe una amenaza de pleitos, desavenencias y contrariedades.

PORTAFOLIO. Ver en sueños que llevas un portafolios demuestra que te encuentras agobiado por deudas y compromisos.

PORTAMONEDAS. Este sueño te previene de que debes procurar dedicarte con más ahínco a tu trabajo o negocios de lo contrario, disminuirán.

PORTERO. Soñar con el portero de nuestra casa te está alertando de chismorreos y maledicencias.

POSADA. Si sueñas que eres el dueño de una posada, sufrirás serias contrariedades. Si te encuentras en ella como huésped, augura que tendrás motivos de preocupaciones. En sueños ver o hablar con el posadero significa que realizarás un viaje.

POSTIZO. La persona que sueñe con postizos, ya sea pelucas, barbas, bigotes, etc., pronto se dará cuenta de que alguien en quien confiaba le está engañando.

POZO. Si en tu sueño el agua del pozo aparece limpia, es un presagio de buena fortuna. En el caso de que sea turbia, te acarreará pérdidas. Soñar que estas sacando agua de un pozo pronostica una boda por conveniencia. Si te caes en él, sufrirás deshonor y humillaciones.

PRECIPICIO. Caerse en sueños por un precipicio es augurio de graves peligros y catástrofe moral. Si solamente lo vemos, estas desdichas quedarán en suspenso. Ver a un amigo que se cae significa que se halla en una mala situación y debemos ayudarle.

PREDICADOR. Soñar con un predicador dando buenos y hermosos consejos en un sermón predice alegría para tu alma y contento para tu corazón. Si el sermón fuera muy largo y pesado, indicaría que tendrás discusiones políticas o religiosas con amigos, que podrán causarte algún disgusto.

PREGONERO. Ver en sueños a este hombre lanzar su pregón en la plaza del pueblo augura desavenencias conyugales. Procura ir con mucho tacto para evitarlas.

PREGUNTAS. Si en sueños te las hacen a ti, es indicio de curiosidades y torpes recelos.

PREMIO. Si al que sueña le otorgan un premio, vaticina alegría y contento, y será un honor para quien lo recibe.

PRESIDIO. Soñar que una persona amiga tuya se halla en presidio significa que esta acaba de conseguir una mejor situación en su actual estado. Si sueñas que estás internado en tal terrible lugar, te está avisando de que debes protegerte de ciertas amistades que pueden perjudicarte.

PRESTAMISTA. Si se te aparece en sueños un prestamista, ten por seguro que habrá un cambio favorable en tu vida. Si sueñas que estás peleándote con él por cuestiones de dinero, claramente te indica que deberás rectificar tu actual conducta con tus familiares, ya que te estás portando incorrectamente con ellos.

PRESTIDIGITADOR. Este sueño nos alerta de familiares o amigos que quieren aprovecharse de nuestra bondad para jugarnos una mala partida.

PRIMAVERA. Soñar con la llegada de la más bella estación del año es un buen augurio de que experimentarás una grata felicidad, aunque será breve y pasajera.

PRIMO. Si sueñas con un primo, es señal de que pronto se celebrará un matrimonio en el seno de la familia. Si se trata de una prima, significa que tendrás alguna aventurilla amorosa, pero con una persona que no te conviene.

PROCESIÓN. Presenciar una procesión, indica felicidad y larga vida. Formar parte de ella augura un brillante porvenir, si quien sueña es joven; en el caso de una persona mayor le vaticina una vejez tranquila.

PROFECÍA. No se debe hacer caso de las profecías que se nos presenten en sueños, a menos que se manifiesten con toda claridad.

PROFESIÓN. Soñar que adquieres una profesión en cualquier clase de trabajo anuncia una dicha inesperada.

PROFESOR. Si sueñas que eres profesor e impartes clases a tus alumnos, significa que no tardarás en salir airoso de tus preocupaciones y de los problemas que tienes en la actualidad.

PROMETIDO. La persona que sueña que se ha prometido con una muchacha joven no tardará en casarse.

PROMESA. Soñar que haces una promesa a un santo de tu devoción, de quien esperas un favor o milagro, indica que serás correspondido en breve.

PROPIEDAD. Si en sueños ves que, por herencia o regalo, recibes en propiedad una casa o un terreno, muy pronto se celebrará un matrimonio muy provechoso. Cuanto más grande o extenso sea lo heredado, mayores habrán de ser tus ventajas.

PROPIETARIO. Si sueñas que eres propietario de una o varias casas, significa que tu actual estado de vida cambiará. Soñar con el propietario del inmueble que habitas augura contrariedades en el trabajo y en el negocio que poseas.

PROTECCIÓN. Solicitar la protección de alguien, presagia fracasos y humillaciones. Si eres tú quien la ofrece a otra persona, indica que tal vez tengas que solicitarla.

PROTESTA. Soñar que elevas una protesta por algo que consideras injusto o ver en sueños a un grupo de personas que lo hacen tumultuosamente augura preocupaciones por falta de dinero para salir de tus deudas y compromisos.

PROVISIONES. Hacer acopio de provisiones, temiendo la escasez de algún artículo en el mercado, significa que no tardarás en recibir satisfacciones. En cambio, si yendo de paseo o de vacaciones pierdes una mochila o las provisiones que llevabas para pasar un feliz día campestre, quiere decir que sufrirás contrariedades.

PRUDENCIA. La persona que sueñe que se comporta prudentemente en algún acto de su vida ha de procurar continuar haciéndolo en la vida real.

PUENTE. Si sueñas lo pasas por uno, es señal de trabajo. Si se trata de un puente de madera, es augurio de malas noticias. Si estuviese ruinoso y fuese inseguro, tendremos que estar alerta de alguien que quiere perjudicarnos. Atravesar un puente levadizo, por ejemplo de una antigua fortaleza, significa que descubriremos un secreto que podrá beneficiarnos.

PUERTA. El acto de abrir una puerta en sueños predice éxito en nuestro trabajo o negocio, que asegurará nuestra actual posición. Soñar con una puerta cerrada es augurio de dificultades con los amigos y discusiones con la esposa o familiares. Si sueñas que la derribas, es un presagio de malas noticias. Si estás pintando una, pronto cambiarás de domicilio o de trabajo.

PUERTO. Soñar que te hallas en un puerto de mar vaticina que te verás mezclado en una pelea o un lío, completamente ajeno a ti. También puede significar la llegada de buenas noticias que te alegrarán.

PULGA. Ver pulgas en sueños es señal de disgustos y contrariedades que nos traerán muchas complicaciones. Si te pican, indican que eres objeto de chismorreos en la vecindad.

PULMÓN. Si en sueños te duelen los pulmones, es anuncio de enfermedad. Ver un bofe, es decir, el pulmón de un animal, en una carnicería significa que recibirás una visita inesperada, no precisamente de una persona que te es grata, pero que podrá favorecerte cuando menos lo esperes.

PÚLPITO. Hallarse en un púlpito significa que pronto recibirás una agradable sorpresa que redundará en bienestar y dinero.

PULPO. Soñar con pulpos señala que cierto individuo al que detestamos y que nos resulta insoportable trata de hacernos la vida molesta y pesarosa.

PUÑAL. Ver un puñal en sueños nos anuncia la próxima llegada de gratas noticias de personas a quien estimamos. Si vemos a alguien que lleva un puñal, es augurio de buenos negocios. Si en tu sueño te ves herido por una puñalada, es presagio de fraudes o engaños.

PUÑETAZO. Dar o recibir puñetazos es un aviso de que tu libertad peligra, tal vez en tu empleo.

PUÑO. Si sueñas que tienes un puño herido o lastimado, es augurio de malas noticias. Si se trata de puños de tela, de camisa por ejemplo, comprarlos es señal de un matrimonio feliz. Llevarlos y lucirlos en un vestido indica que recibirás felicitaciones que halagarán tu vanidad.

PUPILA. Si son grandes, pronto te llegarán gratas noticias de una persona que desde hace mucho tiempo no has visto. Si son pequeñas, es augurio de indiferencias y desprecios.

PUPITRE. Soñar con un pupitre escolar pronostica sin duda alguna que todas las maquinaciones y chismorreos de los que todavía eres objeto no tardarán en acabar con un rotundo triunfo sobre tus enemigos.

PURGA. Tomar uno mismo una purga se interpreta como que pronto se aclarará la molesta situación en que te hallas. Para la persona que se encuentre enferma y sueñe que toma una purga, significa que muy pronto se restablecerá por completo.

PÚRPURA. Si se sueña con este color, es un presagio de honores, triunfos y dulces amores que serán correspondidos.

PÚSTULAS. Soñar que las tienes en el cuerpo vaticina que conseguirás grandes e inesperadas satisfacciones.

QUEJAS. Ya seas tú quien las hace, u otra persona, procura no inmiscuirte en los asuntos ajenos, llevado por tu espíritu conciliador, puesto que no te aportará beneficio alguno.

QUERELLA. Si la querella es entre hombres, vaticina celos. Si surge entre mujeres, predice penas y tormentos. Si es entre un hombre y una mujer, se trata de relaciones amorosas.

QUERIDA. Una querida o amante que aparezca en sueños nos avisa de que debemos dedicar más tiempo y amor al cuidado de nuestro hogar.

QUESO. Soñar con queso es augurio de contrariedades. Si lo comes, quiere decir que recibirás breves e insignificantes beneficios.

QUIEBRA. Una quiebra de tu negocio en sueños significa que tendrás buena suerte, bien sea porque recibirás una herencia o porque te toque un jugoso premio en la lotería.

QUIJADA. Soñar con unas quijadas perfectas vaticina buena salud y afectos sinceros. En el caso de que una apareciera rota, predice accidente, aunque no grave. Si fuera una mujer la que sueña y está fracturada, incluso sangrante, tendrá un altercado con una persona allegada.

QUIMONO. Soñar con un quimono o llevarlo puesto significa que eres una persona un poco vanidosa y debes rectificar tu manera de ser.

QUINIELA. Jugar una quiniela pone de manifiesto esperanzas frustradas. Si la aciertas menguará tu dinero.

QUINTA. Una quinta frondosa, con hermosos trigales o plantaciones, es una clara demostración de bienestar, herencia o enlace ventajoso.

QUIOSCO. Si sueñas con un quiosco, se trata de una aventura campestre en la que el amor jugará su principal papel.

QUISTE. Tener en sueños un quiste te está poniendo sobre aviso de que debes hacer un examen de conciencia y poner las cosas en su lugar; de lo contrario, te arrepentirás.

R

RÁBANO. Si sueñas con rábanos, próximamente recibirás gratas noticias. Comerlos indica una vida apacible y serena. Si la persona que sueña está enferma, pronto se restablecerá.

RABIA. Una persona o un animal rabioso que se nos aparezca en sueños nos recuerda que en nuestro corazón anidan sentimientos de venganza, los cuales habremos de olvidar si no queremos vivir en un sobresalto continuo.

RABO. Quien sueñe con un rabo recibirá muy buenas noticias o tal vez un inesperado obsequio.

RAÍZ. Si soñamos con raíces, es un aviso de que tenemos que ordenar nuestra vida, para que nos sintamos con la fuerza y la seguridad de triunfar contra nuestras adversidades.

RAMAJE. Soñar con un ramaje florido vaticina fortuna. Si lo rompemos, nos traerá pérdida de dinero.

RAMAS. Ver ramas verdes es anuncio de que por fin hallarás el apoyo y la ayuda que durante tanto tiempo andabas buscando. Si las ramas con las que sueñas están secas, serás objeto de mentiras y habladurías por parte de tus compañeros de trabajo. Verlas en el suelo significa que se frustrarán tus planes.

RAMERA. Cualquier mujer pública que se nos aparezca en sueños augura que recibiremos honores y beneficios.

RAMILLETE. Recibir en sueños un bonito ramillete predice pequeñas satisfacciones. Si tú lo ofreces, indica una noticia falsa.

RAMPA. Una rampa rota es señal de desesperanza y desengaños. Si fuera de las que hay en los teatros, es augurio de aventuras amorosas intrascendentes.

RANA. Si sueñas que oyes el croar de las ranas, debes desconfiar de algunas personas que te rodean y te halagan, ya que pueden perjudicarte con sus envidias. Si las comes, es un signo de prosperidad.

RANCHO. Si sueñas con un rancho o hacienda que se halle en plena producción, ten por seguro que tu trabajo se verá recompensado. Si esta propiedad estuviera descuidada y fuese improductiva, te sentirás apenado y desfallecido.

RAPTO. Soñar que raptas a una persona o que te raptan a ti significa que pronto recibirás proposiciones matrimoniales.

RAQUETA. Ver una raqueta en sueños augura contrariedades y disgustos, así como chismes sobre secretos de familia.

RASTRILLO. Usar un rastrillo en sueños indica prosperidad y triunfo en el trabajo y en los negocios.

RASURADORA. Si en el sueño solo ves la rasuradora, vaticina leves desazones en tu vida actual.

RASURARSE. Si te ves afeitándote en sueños, es señal de paz y tranquilidad. Si es el peluquero quien te afeita, quiere decir que si en la actualidad pasas por una mala situación, pronto se resolverán favorablemente tus problemas. En el caso de que seas tú quien rasura a otro, es un aviso de que perderás dinero.

RATA. Soñar con ratas o ratones indica siempre traición. Ten cuidado con quienes te rodean: empleados o sirvientes que tratan de perjudicarte. Y también con algún amigo de los que te adulan, porque lleva malas intenciones.

RAYO. Ver en sueños un rayo en medio de la tempestad es indicio de desavenencias conyugales y advenimiento de enfermedades. Si sueñas que te cae a ti, vaticina un grave accidente.

REBAÑO. Soñar con un rebaño formado por distintas clases de animales es señal de salud y satisfacciones, así como de una breve aventura amorosa.

RECIBIR. Si sueñas que recibes un ramo de flores, simboliza una buena y firme amistad por parte de la persona que te las envía. Si en tu sueño recibes la visita de algún desconocido, desconfía de alguien extraño que acuda a ti ofreciéndote lucrativos negocios.

RECIBO. Si soñamos que nos presentan un recibo, significa que en la vida real tendremos que pagar una deuda. Si eres tú quien lo entrega, quiere decir que hay alguna persona que nos debe dinero y que pronto nos lo devolverá. Perder recibos indica abandono y negligencia.

RECLUTA. Si quien sueña se ve vestido con el uniforme de recluta, pronto volverá la paz con tu cónyuge o con la persona con quien estás prometido.

RECOMPENSA. Si es un hombre quien sueña que recibe una recompensa, le harán un valioso obsequio. En caso de ser una mujer, es señal de grata satisfacción y contento, ya que su amor será correspondido.

RECONCILIACIÓN. Soñar que nos reconciliamos con un familiar o amigo nos indica que tendremos que procurar ser pacientes en discusiones o disgustos que puedan sobrevenirnos.

RECORTAR. Verte en sueños recortando papeles o telas augura que tus deseos o esperanzas se verán pronto realizados.

RED. Tejer una red significa que, si actualmente no lo estás, pronto te verás envuelto en líos de faldas que, si no actúas con cautela, podrán acarrearte muchos problemas. Sé cauto y procede con rectitud.

REDUCTO. Si sueñas con un reducto, quiere decir que los envidiosos y enemigos que te amenazaban pronto habrán de caer eliminados.

REFRESCO. Si en sueños estás tomándote un refresco, se producirá una notable mejora y prosperidad en tu trabajo o negocios.

REGADERA. Soñar que la regadera está llena de agua augura bienestar y tranquilidad. Si está vacía, te avisa de situaciones violentas y desagradables. Regar las flores con ella presagia un firme amor; si lo que riegas son verduras y hortalizas, desconfía de una persona que te rodea.

REGALO. Recibir u ofrecer un regalo pronostica que te llegarán logros o buenas noticias que alegrarán tu corazón.

REGAÑAR. Si sueñas que regañas a una persona o que te regañan a ti, te está anunciando violencia o ruptura con un familiar o amigo al que estimas mucho, lo cual te causará gran dolor y pesadumbre.

REGAR. Soñar que estas regando flores en un jardín o en tu casa augura dichas en el amor. En el caso de que estés regando legumbres o verduras, tendrás que estar alerta y protegerte de habladurías y chismorreos. Regar la calle presagia penas y contrariedades.

REGIMIENTO. Ver desfilar a un regimiento significa que recibirás noticias de un militar ausente.

REGISTRO. Soñar que se lleva a cabo un registro de forma ordenada predice claramente que los asuntos domésticos van bien. Si se trata de un registro desordenado, señala todo lo contrario.

REGOCIJO. Si en sueños nos sentimos alegres y regocijados, vaticina penas y dolores.

REGRESO. Soñar que regresamos a nuestra casa junto a la familia, después de una larga ausencia, nos quiere decir que pronto tendremos un agradable encuentro con una persona estimada.

REINO. Soñar con un reino significa fracaso de las esperanzas mal fundadas. Pero no debemos desanimarnos, ya que la constancia todo lo vence.

REÍR. Esto es un mal presagio de lágrimas. Y si soñamos que reímos a carcajadas, augura grandes penas y disgustos que no esperábamos.

REJAS. Si en tu sueño te hallas detrás de unas rejas, pronto serás libre, bien sea porque en tu vida real estás en una cárcel o porque tratas de librarte de la esclavitud de una persona que no es de tu agrado y de la cual deseas emanciparte.

REJUVENECER. Cuando en tu sueño te sientes más joven de lo que eres realmente, indica alegrías y satisfacciones.

RELÁMPAGO. Soñar con relámpagos en general significa riñas y querellas, así como discordias en el seno de la familia.

RELEVO. Soñar que eres relevado en un trabajo se puede interpretar como que serás objeto de atenciones por parte de amigos. Si eres tú quien releva a otra persona, habrás de tener confianza en ti y nada deberá abatirte.

RELIGIOSO. Si en nuestro sueño se nos aparece un religioso, es decir, un fraile o una monja, nos vaticina que recibiremos ayuda y consuelo en nuestro dolor o necesidades.

RELIQUIA. Este sueño nos avisa de que hemos de procurar cuidar nuestros bienes, si no queremos correr el riesgo de caer en la miseria.

RELOJ. Soñar que le das cuerda a un reloj indica una próxima reconciliación con la esposa, novia o amigos. Recibir en sueños un reloj como regalo presagia penas y contrariedades. Si eres tú quien lo regala, te evitarás con ello un contratiempo.

RELOJERO. Si en el sueño eres el relojero, lo que se te quiere decir es que debes procurar eliminar unos pequeños asuntos que te molestan y preocupan, ya que a la larga pueden perjudicarte.

REMAR. Si en nuestro sueño estamos remando, sufriremos penas y angustias. Si vemos remar a otras personas, recibiremos buenas noticias.

REMIENDO. Vestir un traje con remiendos o ver a otro que los lleva significa que nos llevaremos un chasco que nos hemos buscado nosotros mismos.

REMO. Soñar con remos revela que hay gente que trata de perjudicarnos, por lo cual debemos andar con tiento. Un remo roto augura graves peligros.

REMOLACHA. Cultivadas en sueños, es una protección de la fortuna.

RENTA. Dejar de cobrar una renta predice aumento de fortuna. En cambio, si sueñas que la cobras, habrá mengua en tu dinero.

REPIQUE. Oír en sueños un repique de campanas demuestra que eres una persona muy vanidosa. Procura cambiar.

REPOSO. Soñar que estás plácidamente reposando es indicio de acosos y persecuciones.

REPTIL. Si sueñas con reptiles, significa que debes tener cuidado con falsos amigos que tratan de perjudicarte, menoscabando tu honradez y dignidad. Si matas uno de ellos, indica que tendrás éxito en tus ilusiones y empresas.

RESBALAR. Si eres tú quien resbala en el hielo o sobre un suelo mojado, no tardarás en recibir una petición de dinero por parte de una persona informal e irresponsable que no cumplirá su deuda contigo.

RESFRIADO. Soñar que te estás resfriando es augurio de una injusticia o desvergüenza por parte de algún amigo.

RESUCITAR. Si en sueños vemos resucitar a un muerto, es presagio de malestares y disgustos en nuestra vida.

RETABLO. Soñar con un retablo te está anunciando que el viaje que tenías planeado no llegará a realizarse. Aunque te sientas desilusionado, te darás cuenta de que realmente te aportará muchas satisfacciones y alegrías.

RETAMA. La retama, en sueños, significa que recibirás una noticia que, de momento, habrá de producirte una gran alegría, aunque más tarde te ocasionará sinsabores y disgustos.

RETO. Si sueñas que eres tú quien provoca el desafío, es señal de que serás objeto de infamias y maledicencias. Si, por el contrario, es otra persona quien te reta a ti, significa que quien lo haya hecho recibirá los agravios que trataba de causarte.

REUNIÓN. Si sueñas que estas invitado a una reunión, indica que gozas del respeto y admiración de tus amigos y vecinos y, en general, de todos quienes te rodean.

REVOLUCIÓN. Ver una revolución en sueños, significa sin lugar a dudas que en tu casa anda todo revuelto, por lo que debes serenarte y rectificar tu conducta.

REVÓLVER. Si el que sueña es un hombre y lleva un revólver, pronostica celos injustificados.

REY. Soñar con un rey quiere decir que estamos rodeados de malas personas que tratan de perjudicarnos. Ver en sueños a un rey muerto es una buena señal, ya que lograrás un alto cargo o una herencia inesperada.

RIACHUELO. Si en nuestro sueño aparece un riachuelo de agua clara, sin duda lograrás un buen empleo que deberás aceptar, ya que puede llegar a ser la base de tu triunfo. Si el agua está sucia o turbia, te augura males ocasionados por tus enemigos.

RIBERA. Ver una ribera de un río hermosa y lozana, indica muy buenas perspectivas en tu porvenir. Si en tu sueño llegas a alcanzar la parte opuesta, es señal de gratas satisfacciones y de progreso en tu vida. Si no lograras alcanzarla, se presentarán, desgraciadamente, obstáculos en tu camino.

RICO. Si sueñas que eres un hombre rico y poderoso, vaticina que se te presentará algún problema desagradable en tu trabajo que puede llegar a perjudicarte.

RIEL. Este sueño es un aviso de que se te puede presentar una buena oportunidad de hacer un buen negocio y ganar mucho dinero. Pero piénsalo con cuidado antes de llevarlo a cabo.

RIFA. Trata de rectificar tu actual proceder, ya que este sueño presagia carencia de responsabilidad y competencia, que puede acarrearte serios disgustos.

RIÑA. Soñar que reñimos con la persona con quien estamos prometidos presagia una próxima y próspera boda. Si eres protagonista en una riña callejera, y eres tú quien golpea, te anuncia que tendrás dificultades hogareñas o con personas allegadas; En caso de que recibas los golpes en la trifulca, tu modo de proceder deja mucho que desear. Procura rectificar.

RIÑONES. Es presagio de buena salud soñar con ellos. Augura bienestar, satisfacciones con los hijos y tranquilidad en el hogar.

RÍO. Ver en sueños un río o navegar por él significa progreso y fortuna. Si vemos que se desborda, nos amenaza un grave peligro.

RIQUEZA. Poseer una gran riqueza en sueños, indica miseria y malestar. En cambio, si sueñas que pierdes tu capital, la llegada de dinero, bien sea por la lotería o por una herencia, encumbrará tu situación.

RISA. La risa en sueños solo anuncia tristezas y pesares.

RIVAL. Soñar con un rival augura ciertos sinsabores e incluso peligros. Desconfiemos de las personas que nos adulan.

ROBAR. Robar en sueños se interpreta como que se te presentarán problemas que pueden perjudicarte. Si sueñas que te roban, es señal de mejora en nuestra actual situación y estado financiero.

ROBLE. Si el roble es corpulento y frondoso,es augurio de felicidad y una larga y tranquila vida. Un roble joven es símbolo de poder y de alegría. Sin embargo, soñar que uno lo derriba presagia un mal cambio de suerte y de fortuna.

ROCA. Escalar una roca nos anuncia arduas dificultades para llegar a alcanzar el deseado triunfo. Si soñamos que descendemos, pronostica la pérdida de seres que nos son muy queridos.

ROCÍO. Ver el rocío de la mañana refrescando las flores viene a demostrar que tu actual situación mejorará cada vez más, en el momento en que llegue una ayuda inesperada que te librará de tu actual estado de necesidad e incertidumbre.

RODAR. Si en sueños haces rodar un vehículo, un aro, una rueda, un barril, etc., te anuncia que pronto conseguirás las ilusiones, los deseos y las esperanzas que durante tanto tiempo has estado soñando.

RODILLAS. Sufrir en sueños dolor de rodillas presagia un inesperado disgusto o contrariedad. Andar de rodillas, cumpliendo una promesa, no es tampoco un sueño grato, ya que presagia muchos sinsabores.

ROMERÍA. Ir de romería revela claramente que estás viviendo momentos de arduas preocupaciones y necesidad. Pero ten en cuenta que este acto de ir de romería, llevado por tu religiosidad y fe, tendrá un buena recompensa.

ROMERO. Ver en sueños la delicada flor del romero augura alegrías y satisfacciones sin fin. Recolectar sus olorosas flores significa que las personas que nos rodean nos de admirarán y respetarán, recibiremos de todos las mayores atenciones.

ROMPER. Si en sueños rompemos un vaso, es señal de que disfrutaremos de buena salud. Si lo que rompemos es un plato, indica que lograremos riqueza. Si es una cuerda, significa que se suscitarán disputas en nuestro hogar. En el caso de romper una rama, es augurio de peligro para uno mismo o algún familiar.

ROPA. Soñar con ropa limpia quiere decir que eres una persona responsable y con sentido común. Si se trata de ropa sucia, es señal de deshonor. Si es ropa íntima, significa riqueza.

ROSA. Soñar con rosas es indicio de paz y tranquilidad. Si es una mujer quien sueña con ellas, para la soltera significa el anuncio de un próximo enlace y para la casada, la feliz llegada de un hijo. Si otra persona te las ofrece, presagia triunfo en sociedad. Solo soñar con rosas marchitas puede acarrearnos contrariedades.

ROSARIO. Ver en sueños un rosario es señal de próximas ganancias en el negocio. Si es una mujer quien sueña con él, la está avisando de traiciones.

ROSTRO. Un rostro joven y hermoso es augurio de favores. En el caso de ser feo y ajado, significa que tendrás problemas y contrariedades.

ROTURA. Romper cualquier objeto impensadamente nos está advirtiendo sobre grandes penas y disgustos. Hacerlo intencionadamente, llevado por la violencia, significa que eres tú mismo el responsable de los sinsabores y problemas que ahora te están preocupando.

RUBÍ. Soñar con rubíes es, sin duda, el presagio de alguna aventura amorosa que puede llegar a perjudicarte en salud y dinero.

RUBIO. Ver a una persona rubia en sueños es indicio de que los problemas y necesidades que en la actualidad te agobian pronto habrán de terminarse, llevando a tu corazón paz, felicidad y descanso.

RUECA. La rueca en sueños significa necesidades y pobreza, máxime si estás hilando con ella.

RUEDA. Si la ves rodando es augurio de que nuestras ilusiones o deseos pronto habrán de realizarse. Una rueda rota significa pérdida de dinero. Si se trata de la Rueda de la Fortuna, nos avisa de un peligro inminente. No obstante, si sueñas con ella, arriésgate a comprar un billete de la lotería, porque puede traerte beneficios.

RUEDO. Soñar con el ruedo de una plaza de toros vaticina inconstancia en amores y trabajos.

RUGIDO. Escuchar en sueños rugir a un animal indica que deberás estar atento de alguien que se dice tu amigo y trata de perjudicarte. Si eres tú mismo quien ruge, podrás vencer a tus enemigos.

RUIDO. Percibir ruidos es señal de alegría y contento. Si eres tú quien lo produce, existe riesgo de intrigas por culpa de familiares o amigos.

RUINAS. Si sueñas que estás contemplando unas ruinas, quiere decir que debes procurar rectificar tu vida para que acaben los problemas sentimentales y familiares que sufres actualmente; de lo contrario, perdurarán.

RUISEÑOR. Si en sueños escuchas el armonioso canto del ruiseñor, es presagio de bienestar y amorosos goces.

RULETA. Este sueño es un aviso de que no debes confiar en el juego ni en la lotería, ya que si persistes en ello perderás tu dinero.

RUPTURA. Soñar que nos enfadamos o que nos peleamos con alguien significa que pronto recobraremos la amistad de una persona con la que rompimos nuestra relación hace tiempo.

RUSO. Si en sueños vemos un personaje que dice ser ruso o va vestido con el traje típico de ese país, viene a decirnos que nos ciega el egoísmo, el cual nos impide prosperar en nuestro trabajo o negocio.

RUTA. Trazar una ruta para efectuar un viaje o vernos en sueños caminando por una carretera, senda o camino es augurio de éxitos, aunque nos costará trabajo conseguirlos.

S

SÁBADO. Soñar con el sábado significa que lo soñado se realizará al día siguiente, exclusivamente las cosas buenas y felices que hayan aparecido en el sueño.

SÁBANA. Una sábana limpia indica importantes ganancias. Si es blanca, revela un próximo matrimonio, tuyo o de un familiar. Si está sucia, es augurio de enfermedad. Soñar que estamos cambiando las sábanas de la cama nos está anunciando que pronto recibiremos una visita agradable.

SABIO. Si sueñas que eres un sabio, significa que debes mejorar los estudios. Si en tu sueño estás hablando con alguien culto e inteligente, vaticina que recibirás un fuerte desengaño por parte de una persona querida.

SABLE. En cualquier momento o situación en que nos hallemos, soñar con un sable es señal de disputas, querellas y traiciones.

SACACORCHOS. Verlo o usarlo tiene el significado de que tal vez llegues a ser rico jugando a la lotería.

SACERDOTE. Si sueñas con un sacerdote, augura enfermedades. Si además está oficiando misa, es señal de una muerte próxima.

SACRILEGIO. Cometerlo te previene de que debes ser desconfiado.

SACRISTÁN. Si sueñas con un sacristán, sufrirás una pérdida que habrá de afectarte mucho, además de las molestias al tener que justificarte ante la persona que te pida cuentas.

SACRISTÍA. Hallarse en una sacristía quiere decir que puede presentársete una situación algo comprometida. También indica peligro y contrariedades con una mujer joven.

SAL. Este sueño tiene varias interpretaciones, dependiendo de la situación: verla en un salero, es signo de buenos presagios; tomarla, de paz y tranquilidad; derramarla, de desavenencias y disgustos.

SALA. Una sala amplia y bien arreglada con el mayor gusto significa alegría y vida apacible y serena. Pero si fuera pequeña y de mal aspecto, tendrás problemas y contrariedades.

SALAMANDRA. Soñar con una salamandra significa que te rodean personas dispuestas a ayudarte con la mayor abnegación.

SALCHICHÓN. Si en tu sueño ves o comes un trozo de salchichón, te verás metido en un problema judicial o en un grave escándalo. Si la que sueña con él es una mujer, será anuncio de una separación amorosa.

SALIVA. Soñar que la saliva te aparece en la comisura de los labios indica una precaria situación en tu vida. Si eres tú mismo quien escupe a otra persona, revela descrédito para ti, por lo que adquirirás mala fama entre la gente que te rodea.

SALMÓN. Comer salmón en sueños augura enfermedad, aunque no grave ni de fatales consecuencias.

SALÓN. Un salón magníficamente decorado, lleno de luces y amueblado con el mayor gusto, vaticina contento y alegría. En el caso de que apareciera abandonado y sin adornos, indicaría dificultades en tu trabajo o negocio.

SALPICADURAS. Si al pasar un carruaje sobre un charco te salpica, este sueño quiere decir que debes comportarte con la mayor corrección con tus amigos y en los trabajos y acciones que debas llevar a cabo.

SALSA. Sueño que indica enfermedad larga y penosa.

SALTAMONTES. Ver una invasión de saltamontes augura pérdidas, contrariedades y enfermedades para una persona allegada.

SALTO. La persona que sueña que está saltando, debe tratar de librarse de injustas persecuciones.

SALUD. Gozar de buena salud en sueños significa que se recibirán malas noticias de algún familiar que se halla gravemente enfermo.

SALUDO. Si en sueños saludas a una persona o esta te saluda a ti, indica que sufrirás cierta contrariedad que, aunque leve, habrás de sentirla y te afectará.

SANATORIO. Hallarse internado en un sanatorio vaticina que en tu hogar pasaréis angustiosos momentos de depresión económica y contrariedades en el trabajo o negocio. Procura cuidar tus intereses.

SANDALIAS. Soñar que ves o llevas unas sandalias nuevas quiere decir de que hay una persona dispuesta a facilitarte la ayuda que puedes necesitar. En el caso de que sean ya muy viejas y usadas, significa que tu actual situación no mejorará en lo más mínimo.

SANDECES. Si sueñas que, ante una persona o en una reunión, estás diciendo o haciendo sandeces, debes procurar estar alerta para evitar que alguien se aproveche y abuse de tu situación.

SANDÍA. Ver en sueños un montón de sandías vaticina penas y lágrimas. Sin embargo, comer una rodaja de esta fruta manifiesta que recibirás una noticia que te llenará de alegría.

SANGRAR. Si en sueños se ve sangrar a una persona, predice que sabrás un secreto de ella que será causa de una gran vergüenza.

SANGRE. Soñar con tu propia sangre es un buen augurio, ya que pronto se realizarán tus anhelos. Si la ves brotar en gran cantidad, es señal de fortuna inesperada, siempre que sea roja, ya que de aparecer oscura, anuncia una grave enfermedad para ti o algún familiar.

SANTO. Soñar con un santo es un buen augurio: todas tus personas queridas disfrutarán de una feliz y apacible época de paz y de prosperidad. Si durante el sueño conversaras con él, el goce y los beneficios que recibas te acercarán más a la perfección de tu vida.

SAPO. Ver sapos en sueños pronostica violencia, contrariedades y malos negocios.

SARAMPIÓN. Padecer esta enfermedad en sueños, es un mal presagio. Ver a otra persona afectada de ella también significa penas y sufrimientos.

SARDINA. Si la persona que sueña está casada, las sardinas indican que, con el marido o la mujer, se producirán escenas de celos, aunque estos sean injustificados. En el caso de que las pesques, anuncia que recibirás una noticia desagradable.

SARNA. Si en tu sueño te ves padeciendo sarna, significa que hay una persona mayor que tú y del sexo opuesto, a quien le interesas con fines matrimoniales. Y se trata de una persona rica.

SARTÉN. Señal de reconciliación con alguien a quien estimamos. Si la persona que sueña con este utensilio está casada, debe procurar rectificar su manera de proceder, empleando la precaución para evitar graves dificultades con su consorte.

SASTRE. Acudir a un sastre para que te confeccione un traje augura que tu trabajo o negocio mejorará notablemente.

SATÉLITE. Soñar con nuestro satélite, es decir, la Luna, viéndola brillar en su plenilunio, te revela una segura afirmación en tu trabajo o negocios. Si la persona que tiene este sueño es una mujer casada, recibirá gratas sorpresas. Si es una joven soltera, no tardará en encontrar al hombre de su vida. Si estás dispuesto a emprender un viaje y ves nuestro satélite empañado u oculto por las nubes, desiste de efectuarlo y no te arrepentirás.

SÁTIRO. Si se sueña con una persona conocida que se nos presenta como un sátiro, procuremos apartarnos de ella, desoyendo los consejos que pueda darnos.

SAUCE. Soñar con este árbol augura una vejez apacible y tranquila.

SECRETO. Si en sueños aparece una persona que se acerca a ti para confiarte un secreto, indica advenimiento de penas y desgracias.

SED. Si sueñas que tienes sed, significa que eres un individuo ambicioso, no con el deseo de anhelar riquezas ajenas, sino con ansia de prosperar en tu trabajo. Si no pudieras mitigarla por no encontrar agua para beber, presagia pesares y desgracias. Poder satisfacerla, por el contrario, es señal de adquisición de bienes.

SEDA. Soñar con vestidos u otros artículos confeccionados con seda significa opulencia, riqueza y fortuna.

SEDUCCIÓN. Si sueñas que eres tú quien trata de seducir a alguien o cualquier persona intenta seducirte, recibirás noticias de un buen amigo tuyo que acaba de sufrir un accidente.

SEGAR. Ver segar en tu sueño indica que pronto iniciarás una labor que te resultará muy beneficiosa.

SEGUROS. Si sueñas que estás asegurado, has de estar atento a las inversiones que has hecho, ya que no son tan seguras como suponías. Sin embargo, si no estás asegurado, conviene que lo hagas lo antes posible.

SELLO. Si sueñas con un sello de cera o de lacre, significa que hay un secreto, que debemos guardar con la mayor reserva. Sellar una carta o pliego augura un triunfo seguro contra nuestros enemigos.

SEMBRADO. Este sueño augura salud, riquezas y éxitos, es mucho mejor si el sembrado es de cereales; que de legumbres.

SEMBRAR. Soñar que estás sembrando un campo es señal de paz y de prosperidad en tu vida. También anuncia aumento de familia.

SEMILLA. Las semillas significan en sueños que tus relaciones con la persona con la que estás prometida irán por buen camino y serás feliz. Si estás casado, pronto realizarás un feliz viaje con tu consorte.

SEMINARIO. Anuncio de falsedades y traiciones por parte de familiares o amigos íntimos.

SENOS. Soñar con senos femeninos, para el soltero, significa un próximo enlace. Si se trata de senos grandes, es señal de éxitos y beneficios, así como prosperidad en el hogar. Si la mujer que sueña con ellos está casada, indica un feliz alumbramiento. Un hombre con senos femeninos, predice afeminamiento.

SENTENCIA. Procuremos no ser curiosos ni meternos donde no nos llaman; de lo contrario adquiriremos costumbres y vicios que nos perjudicarán.

SEÑALAR. Si en sueños señalas a alguna persona, quiere decir que tu modo de proceder no es muy correcto, por lo cual debes corregir tu manera de ser y obrar, reprimiendo tus impulsos, pues de lo contrario solo obtendrás pérdidas y contrariedades.

SEPARACIÓN. Si soñamos que nos separamos de nuestro cónyuge, será un mal presagio de dificultades y fracasos en nuestro trabajo o negocio.

SEPULCRO. Visitar un sepulcro en sueños es presagio de un accidente. Ver una persona amiga o conocida ante él es señal de que nos necesita y debemos acudir en su ayuda.

SEQUÍA. Soñar con un lugar o terreno seco pronostica que una persona en quien tenemos depositada nuestra confianza divulgará algún secreto nuestro que podrá causarnos graves problemas y perjuicios.

SERENATA. Formar parte de un grupo de individuos que están dando una serenata vaticina terribles celos por parte de uno de los seres amados que nos rodean.

SERENO. Es de mal augurio soñar con él, ya que nos hace saber que el viaje que teníamos proyectado no llegará a realizarse.

SERPENTINA. Soñar que lanzamos serpentinas en una fiesta, o bien al paso de una personalidad, significa que la alegría y el júbilo que se demuestran en este acto perdurarán durante mucho tiempo en nuestra vida.

SERPIENTE. Si soñamos que este animal se nos enrosca en el cuerpo, nos veremos recluidos en una cárcel o en la cama por motivo de enfermedad. Matarla significa triunfo sobre nuestros enemigos.

SERRALLO. El hecho de que aparezca en sueños un serrallo, demuestra que eres una persona débil de temperamento y debes procurar no dejarte influir por alguna persona que trata de dominarte.

SERRÍN. Este sueño es de buen augurio, pues tenerlo puede ser motivo de que encuentres por la calle alguna joya de valor o dinero.

SERRUCHO. Si sueñas con este utensilio, te está avisando de que debes procurar apartar de tu mente esa idea fija que tanto te preocupa y te tiene trastornado, ya que la solución vendrá por sí sola y felizmente terminarán los malos momentos pasados, llevando paz y tranquilidad a tu espíritu.

SESOS. Soñar con sesos es augurio de fracasos y próxima enfermedad.

SETAS. Soñar con ellas en su estado natural, es decir, sin cocinar, significa obstáculos en nuestra vida. Si se trata de setas guisadas y listas para comerlas, auguran una próxima liberación de los problemas en los que nos hallamos envueltos.

SETO. Ver en sueños un seto significa que se nos presentarán pequeños obstáculos de los cuales saldremos airosos.

SEXO. Si sueñas con el órgano sexual masculino, revela poder y éxito. Si es el femenino, feliz concepción en el caso de esperar un hijo.

SIDRA. Soñar con botellas de sidra o que la tomamos en una fiesta vaticina que se nos avecinan grandes satisfacciones.

SIEMBRA. La persona que sueña que está sembrando tendrá ganancias en su negocio y un ascenso en su trabajo.

SIERRA. Si se trata del utensilio para serrar, significa prosperidad en el negocio. Hallarse en una sierra augura defunción de un familiar o amigo.

SIETE. Soñar con el número 7, revela bienestar y la llegada de agradables noticias.

SILBAR. Silbar en sueños es señal de murmuraciones y habladurías.

SILBIDO. Oír un silbido cuando estamos soñando, es un aviso de que alguien trata de desprestigiarnos atentando contra nuestro honor. Si es el de una locomotora, augura un próximo viaje. Si oyes silbidos de pájaros, tendrás gratos placeres y satisfacciones.

SILLA. Hallarse sentado en una silla es señal de distinción. Ver varias sillas significa descanso y tranquilidad.

SILLÓN. Reposar en él es anuncio de un magnífico empleo. Si la persona que sueña es de avanzada edad, significa que tendrá paz y tranquilidad, aunque debe abstenerse de sus vicios.

SIRENA. Soñar con una sirena es una muestra de poder sexual. Oír su canto significa que debes tener cuidado con una mujer que trata de atraerte con fines no muy honestos.

SIRVIENTA. Soñar con una sirvienta o una persona que te sirva augura contrariedades y privaciones.

SOBRE. Si sueñas con un sobre, pronto recibirás honores, alegrías y felicidades sin fin.

SOBRINO. Soñar con sobrinos buenos a quienes se quiere es señal de nobles sentimientos. Si en sueños los odias, tendrás una vejez amargada. En el caso de que suframos por ellos, habremos de tener cariño y comprensión para seres tan queridos.

SOFÁ. Si quien sueña con un sofá tiene hijos, procurará que no llegue a tener que avergonzarse por el mal comportamiento de alguno de ellos.

SOGA. Ver una soga en sueños es indicio de larga y penosa enfermedad.

SOL. Soñar con el astro rey es augurio de honores y riquezas, así como de gratas satisfacciones: la persona enferma recobrará su salud y está el preso alcanzará su ansiada libertad. Si es una mujer la que sueña con un sol radiante y espera un hijo, este será una gran persona el día de mañana, alegre, trabajador y lleno de salud. Por el contrario, si sueña con un sol rojizo, presagia problemas. Si está medio cubierto por las nubes, significa que sufriremos luchas y padecimientos.

SOLDADO. Soñar que eres un soldado revela sinsabores. Verlo te está alertando sobre engaños de algunos amigos. Si sueñas con soldados desfilando en un desfile militar, significa que tus deseos se harán realidad. Si se trata de soldados vencedores en un combate, presagia éxitos en el trabajo o los negocios; si son derrotados es símbolo de mal augurio.

SOLEDAD. Si en sueños estamos solos y abandonados, significa que nos veremos metidos en líos y chismes que nos traerán quebraderos de cabeza.

SOLTERO. Una persona casada que sueña que está soltera, habrá de proceder con tiento al escoger nuevas amistades que se le puedan presentar.

SOMBRA. Hallarse bajo la sombra de un árbol es señal de que pronto mejorará nuestra actual situación y volverán a reverdecer en nuestro espíritu las ilusiones perdidas.

SOMBRERO. Ver o poseer un sombrero nuevo en tu sueño es augurio de alegría y de fortuna. Si está muy usado, señal de desgracia moral o física que te causará graves preocupaciones.

SOMBRILLA. Soñar con una sombrilla vaticina que inesperadamente recibirás protección por parte de una persona con la que no contabas.

SONÁMBULO. Si en sueños eres sonámbulo, significa que tienes enemigos que tratan de perjudicarte, lo cual te causa una fuerte alteración nerviosa; pero si actúas con decisión y firmeza, no tardarás en derrotarlos.

SOPA. Comer sopa en sueños quiere decir que si has perdido salud o dinero, volverás a recuperarlos. Pero si se te cae la sopa, tus esperanzas se verán frustradas.

SORDO. Si sueñas que estás sordo, significa que estás pisando un terreno en falso aconsejado por malos amigos y por lo tanto debes tratar de rectificar tu actual conducta. Si sueñas con una persona sorda a quien conoces, debes aconsejarla respecto a su injusto o vicioso proceder, y guiarla por el camino del bien y de la rectitud.

SORTIJA. Soñar con una sortija indica siempre superioridad y poder. Si la recibes como obsequio, augura bienestar y dicha. Regalarla a otra persona significa que pronto tendrás que prestar ayuda a un familiar o amigo.

SORTILEGIO. Si alguien en sueños te hace objeto de un sortilegio o maleficio, vaticina falsedad, engaños y humillaciones. Ve con tiento con las personas que te rodean.

SOTANA. Es un claro aviso de que alguien que asegura ser un buen amigo tuyo está trazando sus planes para poder perjudicarte.

SÓTANO. Soñar que estás en el sótano de una casa es señal de que una mala situación te aleja de la felicidad que en el presente estás disfrutando. Procura ser comedido y responsable de tus actos.

SUBIR. Subir una escalera en sueños o ascender una montaña vaticina con toda seguridad un cambio de fortuna: no tardará en mejorar tu situación, tus ilusiones y proyectos se llevarán a cabo y hasta tu salud mejorará, si te encuentras enfermo.

SUBTERRÁNEO. Hallarse en un lugar subterráneo y, por desgracia, no encontrar la salida a la superficie es augurio de que pasarás por una situación crítica o te llevarás un susto terrible. Toma precauciones si viajas por mar.

SUCIEDAD. Si, en sueños, te encuentras en un lugar lleno de suciedad o ves tu ropa o tu casa desaseada, quiere decir que debes guardarte de cometer un error cuyos resultados serían perjudiciales, tanto para tu prestigio como para tu salud y posición. Haz las cosas con tino y procura evitar tales augurios.

SUDARIO. Es de mal augurio soñar con un sudario, ya que predice la muerte de un familiar o de un buen amigo.

SUDOR. Verte tú mismo cubierto de sudor es señal de que sufrirás una inesperada enfermedad en la que el termómetro alcanzará altos grados de temperatura.

SUEGRO. Es mala señal soñar con un suegro, ya que indica que algún amigo te conminará a que cumplas inminentemente con tus compromisos, amenazándote con demandarte judicialmente. Sin embargo, si sueñas con la suegra, recibirás buenos consejos de una persona que te estima y podrá ayudarte.

SUELDO. Recibir un sueldo en tus sueños es un buen pronóstico de éxito en los estudios, negocios o trabajo.

SUEÑO. Soñar que estás dormido quiere decir que te verás envuelto en un trance desagradable; pero si duermes con tu esposa, significa que recibirás gratas noticias de un familiar o amigo.

SUERTE. Verte, en sueños, como una persona a quien le sonríe la suerte, es decir, que goza de buena salud, es feliz, tiene mucho dinero y todo le sale bien en la vida, significa que una desgracia próxima vendrá a ensombrecer tu situación real, por lo que debes prepararte para hacerle frente.

SUÉTER. Verlo o llevarlo es augurio de dolores y penas.

SUICIDIO. Soñar que te suicidas revela desgracias y contrariedades.

SUPLICIO. Si sueñas que asistes al suplicio de una persona o eres víctima de él, no tardarán en acompañarte el éxito y la suerte.

SURCO. Ver en sueños un surco abierto indica que tus asuntos irán cada día por mejor camino, aunque habrás de tener paciencia y perseverancia para llegar a conseguir tu ansiado bienestar.

SURTIDOR. Este sueño augura amores sinceros y nobles. Llegará, sin tardar, una época feliz de tranquilidad para tu espíritu.

SUSPIROS. Suspirar en sueños demuestra que les das preferencia a las cuestiones pequeñas antes que a las de mayor importancia que pueden beneficiarte. Si en el sueño oyes a otra persona suspirar, no tardará en acudir a ti algún familiar o amigo para confiarte sus penas.

T

TABACO. Soñar que estás fumando significa que triunfarás en la vida, en los negocios y en los estudios. Contemplar las volutas del humo, indica placeres que no habrán de conducirte a nada bueno.

TABERNA. Hallarse en una taberna indica que pasarás unos días de preocupación y de tristeza, debido a problemas familiares o de trabajo o, tal vez, a causa de malestares físicos. Si sueñas que te hallas en ella bebiendo en compañía de amigos, es augurio de penas morales.

TABLA. Llevar una tabla cargada vaticina penurias.

TABURETE. Si sueñas que estás sentado en un taburete, es indicio de prosperidad y satisfacciones.

TALADRO. Si tienes algún caso o asunto pendiente de resolver y sueñas con un taladro, pronto recibirás una solución favorable.

TALLER. Soñar con un taller donde la gente trabaja significa que tus deseos no tardarán en cumplirse. En cambio, si estuviera desierto por no ser horario de trabajo, debes comportarte bien en tu trabajo, para evitar que te despidan.

TAMBOR. Ver tambores en un desfile militar o en un acto deportivo predice que te invitarán a una fiesta en la que conocerás a una persona que será de tu agrado, aunque, tal vez, no llegue a corresponderte. Si eres tú mismo quien lo toca, te verás envuelto en chismes y murmuraciones.

TAPA. Soñar con tapas y tapaderas de utensilios de cocina o de cajas significa que debes mantenerte al margen de algunas amistades que no te convienen.

TAPIA. Saltar una tapia en sueños quiere decir que tus convicciones son firmes y no debes desalentarte a la hora de intentar conseguir lo que deseas.

TAPICERÍA. Si, en sueños, ves tapizar muebles, debes tener cuidado para evitar que algún llamado amigo abuse de tu confianza.

TAPIZ. Si sueñas con hermosos tapices, eres una persona amante del arte y esto te traerá muchas satisfacciones.

TAPÓN. Este sueño es un claro aviso de que tengas cuidado con instrumentos cortantes o punzantes que pueden ser motivo de desgracia.

TARTAMUDO. Augura una rápida solución de los asuntos que ahora te agobian.

TAZA. Soñar con una taza de porcelana fina es augurio de paz y tranquilidad. Si está vacía, indica una situación precaria. Estar entre amigos que toman café en taza significa que no tardarán en sobrevenirte inesperadas preocupaciones.

TÉ. Tomar té en sueños indica que sufrirás contrariedades pasajeras.

TEA. Soñar con una tea significa que pronto te comunicarán una noticia desagradable.

TEATRO. Entrar en un teatro vaticina prosperidad y éxito. Si sueñas que sales de él, desengaños. Verse actuando en escena es augurio de buenas noticias; entre bastidores, confidencias.

TECHO. Ver un techo es presagio de bienestar y éxitos. Si se desploma, alguien nos propondrá un negocio, del que saldremos triunfantes.

TECLA. Soñar con las teclas de un piano significa próximas riquezas. Si se trata de las teclas de una máquina de escribir, vaticina mejora de nuestra situación actual.

TEJADO. Si tienes una necesidad y piensas solicitar un préstamo para remediarla, este sueño te indica que evites hacerlo y busques el apoyo de algún familiar o amigo que te ayude en tu precaria situación.

TEJEDOR. Te está avisando de que desconfíes de un amigo que te halaga mucho y que solo trata de perjudicarte.

TEJIDO. Ver o elaborar tejidos indica que pronto sabrás que eres objeto de murmuraciones y habladurías por parte de personas muy conocidas a quienes considerabas gente honrada y competente en sus actos.

TELA. Comprar o vender telas en sueños es augurio de que tu situación financiera mejorará rápida e inesperadamente. Disfrutarás de felicidad en tu vida y de una gran prosperidad.

TELAR. Soñar con él indica salud por mucho tiempo.

TELARAÑA. Deberás abandonar, por el momento, los proyectos que tenías pensados para mejorar tu estado actual. Acepta los consejos y sugerencias que recibas de un amigo.

TELÉFONO. Si sueñas que te instalan un teléfono en tu casa, tus asuntos marcharán por buen camino. Si, al tratar de comunicar con alguien, no funciona el teléfono, corremos el riesgo de ser víctimas de una estafa.

TELEGRAMA. Recibir un telegrama te avisa de que debes proceder con cautela al proyectar o hacer cosas que merecen un estudio detenido antes de llevarlas a cabo.

TELÓN. Soñar con el telón de un teatro significa que debes hablar y portarte con franqueza en asuntos de trabajo o negocios; con ello saldrás ganando.

TEMBLOR. Soñar que la tierra tiembla es augurio de riquezas y larga vida. Si se tratase de un temblor por miedo o enfermedad, procura cuidarte para evitar alguna contrariedad o dolencia que te pudiera sobrevenir.

TEMPESTAD. Soñar que estás en medio de una terrible tempestad augura un inminente peligro, del que saldrás, aunque con grandes esfuerzos.

TEMPLO. Si en sueños estás orando en un templo, recibirás injurias y desengaños. Si entras en él, no tardarás en lograr lo que esperas, siempre que tu comportamiento se haga digno de merecer esa recompensa.

TENAZAS. Verlas o tenerlas en la mano presagia riesgo de ser víctima de amenazas y persecuciones. Procura restringir tus gastos actuales, ya que el día de mañana puedes necesitar el dinero que ahora dilapidas.

TENEDOR. Si sueñas con tenedores, pronto recibirás un ingreso que te ayudará a liberarte de algunas pequeñas deudas que tienes, lo cual asentará tu tranquilidad. Por otra parte, deberás cuidar tu aseo diario para evitar que tu pelo o tu piel se vean atacados por molestos parásitos.

TENIENTE. Anuncia que realizarás pronto un viaje que te resultará beneficioso y fructífero. No obstante, ten cuidado con chismorreos que pueden perjudicarte.

TERCIOPELO. Soñar con telas o cintas de terciopelo indica que tendrás una época feliz y tranquila.

TERMÓMETRO. Ponerse un termómetro en sueños para comprobar la temperatura de tu cuerpo presagia una próxima enfermedad.

TERNERA. Ver en sueños una o más terneras predice que recibirás un cruel desengaño de una persona a la que estimas mucho.

TERRAPLÉN. Soñar con un terraplén revela que no eres muy afecto al trabajo ni a cumplir con tus compromisos, lo cual puede alterar y perjudicar el camino de tu vida.

TERRAZA. Hallarse en una terraza contemplando el paisaje denota tu carácter vanidoso; si quieres prosperar y triunfar, algo que puedes lograr si te lo propones, tendrás que procurar corregirte.

TERREMOTO. Sueño de mal augurio que te avisa de quiebra en tu negocio o desastre moral en tu hogar. En caso de que el terremoto llegara a destruir una casa por su violencia, vaticina la muerte de una persona querida.

TERRENO. Comprar en sueños un terreno significa que habrá mejoras en tu situación actual.

TESORO. Si sueñas que te encuentras con un tesoro, anuncia un ventajoso matrimonio en un futuro próximo. Si la persona que sueña con él estuviese casada, aumentarán sus bienes.

TESTAMENTO. Soñar que uno mismo hace su testamento es señal de una vida larga y feliz. Si es otra persona quien lo hace, augurio de muerte inminente.

TEZ. Ver tu propio rostro muy pálido te avisa de que debes cuidar tu salud, o te arriesgas a contraer una peligrosa enfermedad. Si la tez que tienes en sueños, es fresca y sonrosada, es anuncio de salud y larga vida.

TIBURÓN. Si sueñas con un tiburón, procura protegerte de una persona que te odia y que intenta perjudicarte en tu trabajo; en el caso de que el tiburón esté muerto, será ese enemigo quien sufrirá el merecido castigo a su maldad.

TIEMPO. El buen tiempo en sueños, significa bienestar y tranquilidad. Si fuera malo, todo lo contrario.

TIENDA. Soñar con una tienda abarrotada de mercancías indica ganancias en los negocios y mejora en tu trabajo. Si se trata de una tienda de campaña, augura una aventura emocionante.

TIERRA. Una tierra fértil significa felicidad en el matrimonio. Si es estéril y desértica, vaticina celos injustificados entre los esposos.

TIGRE. Es de mal augurio soñar con un tigre, ya que nos avisa de que un enemigo poderoso, a quien hacía tiempo que no veías, reaparecerá en tu vida tratando de desacreditarte por todas partes, haciendo mofa de tu honor y prestigio.

TIJERAS. Soñar con tijeras es anuncio de discordias entre amantes y desavenencias entre casados. También significa sinsabores y fracasos en los negocios. Si estás cortando con ellas, es señal de chismes y habladurías que pueden desprestigiarte.

TIMBAL. Si en sueños se te aparece un timbal, significa que eres una persona irresponsable que anda importunando a los amigos pidiendo continuamente favores. Trata de conformarte con lo que tienes y mejorar a base de tu propio trabajo.

TIMÓN. Ver o manejar el timón de una embarcación manifiesta que, si eres constante en tu trabajo, llegarás a alcanzar el bienestar y la prosperidad que deseas para ti y los tuyos.

TINIEBLAS. Si sueñas que te hallas entre tinieblas, significa que tus asuntos mejorarán considerablemente, siempre que prestes la dedicación necesaria que tu trabajo requiere. De todos modos, procura velar por tu salud.

TINTA. Soñar con tinta augura, generalmente, buenas noticias, siempre que no se vierta o derrame, ya que en este caso significa discordia. Si es negra, anuncia la próxima llegada de un familiar o amigo al que estimamos; si es de color rojo, indica que nuestra conducta puede ser objeto de un malentendido, y si se trata de tinta verde, es símbolo de esperanza.

TINTORERÍA. Si en sueños mandas tus trajes o vestidos a la tintorería para que los limpien o tiñan, significa que debes portarte con más responsabilidad en tu manera de actuar con tus amistades, ya que algunos te consideran vanidoso e inconsecuente.

TIÑA. Verte atacado por esta repugnante infección es un aviso de que debes desconfiar de falsos amigos que te adulan. Procura separarte todo lo posible de personas así.

TÍO. Soñar con un tío tuyo indica que estás enamorado de una persona que no te corresponde, representa un fracaso sentimental. Si se trata de una tía, es augurio de rencillas familiares, en las que, desgraciadamente, intervendrás tú.

TIRABUZONES. Si, en sueños, ves un hermoso peinado con tirabuzones, te advierte que debes actuar con mucha cordura en una fiesta próxima, a la que serás invitado, procurando no abusar de los vinos y licores que puedan ofrecerte, ya que, tal vez como consecuencia de esto, llegarías a dar un espectáculo desagradable que dañaría tu buena reputación.

TIRANTES. Este sueño seguramente indica que acabas de salir airoso de tus problemas o enfermedad. Mantente firme y decidido para no volver a incurrir en tales situaciones.

TISANA. Servir en sueños una tisana a una persona enferma es buena señal de que, en la realidad, algún familiar o amigo que se halla delicado de salud se recuperará pronto. Si es uno mismo quien la toma, indica bienestar físico para él. Prepararla, pérdida de tiempo.

TÍTERES. Si sueñas con títeres, procura estar atento a una proposición que te harán y que deberás rechazar para evitar disgustos y contrariedades.

TIZÓN. Debes desconfiar de consejos que pueden resultarte perjudiciales. Tu criterio vale mucho más que estos, y tú has de saber bien el camino que debes seguir.

TOALLA. Soñar con una toalla es un claro aviso de que no tienes que confiar en algunos parientes o amigos que te rodean o a quienes piensas recurrir en un momento de necesidad, solicitando su ayuda. Procura evitar su trato para no tener que hallarte ante ellos en una situación violenta y pasar vergüenza.

TOCADOR. Verse ante el espejo de un tocador significa que hay un grave peligro, tal vez de muerte, para un familiar o amigo.

TOCINO. Si en sueños ves lonchas de tocino, quiere decir que eres una persona desordenada y debes rectificar tu proceder para rehacer tu vida. Desde luego, no confíes en juegos de azar, de los que solo sacarás... dinero de tu bolsillo.

TOLDO. El problema que tienes y las preocupaciones que te agobian llegarán pronto a su fin.

TOMATE. Este sueño indica que no debes arriesgarte a hacer ninguna apuesta, como tienes por costumbre.

TONEL. Ver un tonel lleno es anuncio de prosperidad; pero si está vacío, significa que tendrás apuros financieros.

TOPACIO. Si sueñas con esta piedra preciosa, es señal de bienestar y éxitos. Ahora bien, para conseguir tal felicidad, debes ocuparte con más ahínco de tu trabajo o negocio, eludiendo algún que otro amigo que puede perjudicarte.

TOPO. Ver en sueños un topo es un aviso de que tendrás que cuidar más tus negocios, ya que hay una persona que socava tu tranquilidad, tratando de perjudicarte.

TÓRAX. Si en el sueño aparece uno mismo con un tórax muy desarrollado, es señal de su salud y fuerza. También augura que pronto recibirás proposiciones de un amigo o familiar que te apoyará en el logro de tus propósitos.

TORNILLO. Ver tornillos o manipular con ellos es augurio de éxito en los negocios y triunfo en amores.

TORNO. Soñar con un torno predice peligros que podrás evitar tomando las debidas precauciones.

TORO. Soñar con un toro significa que recibirás beneficios inesperados de un alto cargo. Si lo ves en manada, se te presentarán asuntos molestos de los que, por fortuna, saldrás airoso. Ver un toro muerto es señal de que no debes inmiscuirte en proposiciones inconvenientes. Si ves que lo lidian en un coso taurino, desconfía de ciertas amistades que te invitarán a formar parte de un negocio.

TORRE. Si sueñas que vives en una torre, te vaticina reclusión en la cárcel o en cama. Si solamente la ves, es indicio de contrariedades. Soñar que otra persona sube a una, quiere decir que quien sueña esto es rebelde e indisciplinado.

TORRENTE. Sueño de mal augurio, ya que, si la persona que sueña cae a él, podrán presentársele muchos peligros.

TORTA. Ver o comer tortas en sueños significa que se te presentarán disgustos familiares, aunque no de mucha trascendencia.

TORTILLA. Comer tortillas de maíz en sueños indica que muy pronto habrán de realizarse tus deseos y esperanzas. Si la tortilla es de huevo, augura la separación, por muerte o viaje al extranjero, de una persona con la que te une un afecto casi familiar.

TÓRTOLA. Soñar con tórtolas indica perfecta armonía entre esposos y, entre solteros, halagadoras promesas que habrán de llevarse a cabo muy pronto.

TORTUGA. Ver tortugas o comer su carne en sueños significa que nuestros asuntos no andan todo lo bien que desearíamos. Si permanece parada, sin movimiento, los negocios marcharán tal como habías pensado en la vida real.

TOS. Si oyes en sueños toser a una persona, procura ser discreto con tus palabras y acciones, pues cualquier indiscreción puede acarrearte muchos sinsabores. Si eres tú el que tose, quiere decir que, si notas que estás perdiendo algunas de tus amistades, éstas se alejan debido tu proceder egoísta.

TRABAJADOR. Si sueñas con obreros dedicados a su trabajo, significa que marcharán bien tus negocios. Pagarles el sueldo es señal de que eres un buen patrono, que los trata con delicadeza y vela por su bien. Si los despides, hay unos vecinos tuyos que pasarán por un grave aprieto.

TRABAJO. Soñar que eres tú quien trabaja quiere decir que estás pasando necesidades y tratas de superar tu situación agobiante. Si la labor que ejecutas es muy dura o pesada, tu estado no tardará en cambiar y saldrás triunfante de penas y fatigas.

TRAGEDIA. Soñar que se ve, se representa o se está en una tragedia augura que algunas personas se separarán de ti por motivos que tú conoces.

TRAICIÓN. Si es un hombre el que sueña que alguien le traiciona, deberá tener cuidado con la gente que le rodea. En el caso de que sea una mujer, por más que murmuren o hablen de ella, su conciencia permanecerá tranquila.

TRAJE. Si el traje con que uno sueña es viejo o raído o indecoroso, es augurio de penas y sinsabores. En cambio, si es nuevo y elegante, significa todo lo contrario. Soñar que se tienen muchos trajes en el guardarropa vaticina melancolía y tristeza.

TRAMPA. Caer en una trampa, no precisamente para cazar animales, sino en un engaño, es señal de malos negocios.

TRANVÍA. Todos los asuntos, deseos, proyectos de viaje, etc., que tengas pendientes no tardarán en solucionarse favorablemente.

TRAPERO. Soñar con un trapero revela intrigas y disgustos con alguna mujer.

TRAPO. Ver trapos en sueños indica que no tardarás en saber que un secreto ha dejado de serlo, ya que lo han divulgado las malas lenguas y falsos amigos.

TRAVESURA. Recibirás noticias de un feliz descubrimiento y de la celebración de una boda que te alegrará mucho.

TRÉBOL. Soñar que uno está en el campo cogiendo tréboles augura dinero en cantidad. Si encuentras uno de cuatro hojas, tu suerte será infinita. Los tréboles que aparecen en las cartas francesas son también símbolo de felices augurios.

TRENZA. La mujer que soñara que lleva trenzas conocerá a un hombre del que se enamorará, aunque no se casará con él.

TRIÁNGULO. Si ves en sueños un triángulo, es señal de que tu vejez será apacible en justo pago a tus merecimientos.

TRIBUNAL. Hallarse en sueños ante un tribunal es un aviso de que peligra tu trabajo o negocio y habrás de tomar las mayores precauciones.

TRIGO. Es un magnífico sueño ver trigo, ya que este cereal simboliza fortaleza, riqueza y abundancia, tanto física como moral. Verlo en la espiga significa prosperidad y bienestar. Recolectarlo y almacenarlo, salud y honores. Si, en sueños, se lo ofreces a otra persona, recibirás un delicado regalo.

TRINEO. Soñar que vas en un trineo significa que en breve realizarás un viaje magnífico.

TRIPAS. Si vemos una persona o animal con las tripas fuera, existe el riesgo de que haya reyertas conyugales. Comerlas es anuncio de herencia en puertas.

TRISTEZA. Si uno sueña que se halla muy triste por disgustos o enfermedad, a la mañana siguiente, al despertar, recibirás gratas noticias que te alegrarán.

TRIUNFO. Soñar que se triunfa en cualquier empresa augura triunfos verdaderos en la vida real.

TROFEO. Ganar un trofeo en sueños presagia la llegada de magníficos acontecimientos. En el caso de perderlo, hay que tener cuidado con los rateros.

TROMPETA. Oír o tocar la trompeta indica que en breve recibirás gratas noticias y beneficios.

TRONCO. Ver un tronco es augurio de penurias y necesidades para la persona que sueña. Apoderarse de él significa que el dinero que recibas no lo has ganado con honestidad. En el caso de proyectar un negocio, debes procurar llevarlo a cabo después de haber pensado mucho sus ventajas e inconvenientes.

TRONO. Estar sentado en un trono es señal de que recibirás honores y agasajos en justa recompensa a tu meritorio y honrado proceder en el trabajo.

TRUCHA. Si sueñas que está a pescándolas, significa que se suscitarán en tu hogar leves problemas familiares. Soñar que te las comes asegura una boda en puertas.

TRUENO. Si oímos truenos, debemos evitar disputas o reyertas que podrían causarnos mucho daño si no podemos librarnos de ellas.

TUBO. Soñar con un tubo o con su instalación, indica que la mala situación por la que atravesamos ha llegado a afectar tanto a nuestro sistema nervioso que tenemos que procurar atender nuestro estado para evitar lamentables consecuencias.

TUERTO. Ver en sueños a una persona tuerta es un aviso de indeseable estabilidad en nuestro trabajo, sin esperanzas de mejorar en él, o bien de pérdidas en los negocios. Si el que sueña se ve a sí mismo tuerto, indica penas y contrariedades.

TULIPÁN. Ver un tulipán augura salud y dicha, que serán mayores cuanto más hermosa sea la flor que se te presente en tu sueño.

TULLIDO. Si en tu sueño apareces tullido, es augurio de riquezas y bienestar. Si el tullido fuera un amigo o desconocido, significa que se te presentarán problemas y dificultades.

TUMBA. Ver que lo entierran a uno traerá buenas consecuencias, ya que te vaticina una vida larga y feliz. Si te ves cavando tu propia tumba, es anuncio de matrimonio; pero en el caso de estar ya casado, sería augurio de disgustos y penalidades.

TUMULTO. Hallarse en sueños entre un tumulto es signo de estar de mal humor e incluso predispuesto a la cólera. Reprime tu estado transitorio y, de momento, procura separarte de personas cuya presencia o comportamiento puedan irritarte.

TÚNEL. Si soñamos con un túnel, significa que el negocio en el que estamos metidos nos traerá preocupaciones y necesitaremos constancia para salir triunfantes en él.

TÚNICA. Para la persona que en sueños la viste, vaticina esfuerzos e inconvenientes.

TURBANTE. Llevar un turbante en sueños quiere decir que algún amigo podrá causarte perjuicios, dando malas referencias tuyas. Ver a una persona con él puesto es señal de que alguien vendrá a proponerte algún negocio, aunque con intención de perjudicarte.

TURCO. Si sueñas con un turco, tendrás que seguir las advertencias y consejos de familiares y amigos que tratan de desengañarte de un proyecto o negocio que tienes o piensas emprender, en el cual fracasarías.

TUTOR. Soñar que eres tutor de alguna persona es un buen pronóstico de que tu casa estará de enhorabuena por alegrías o beneficios que habrás de recibir pronto.

U

UBRES. Soñar con ubres llenas indica abundancia y prosperidad. Si estuvieran exhaustas, augurarían falta de trabajo y de dinero.

UJIER. Este sueño te hace una advertencia de que no debes alternar con gente violenta, si no quieres encontrarte metido en pleitos.

ÚLCERA. Si en tu sueño las ves en otra persona o las tienes tú mismo, preocúpate más por tus negocios, si no quieres acabar en la ruina.

ÚLTIMO. Si soñamos que estamos en el último lugar en la escuela o en una academia, o bien en una fila, significa que en la vida real llegaremos a alcanzar un primer puesto, tanto en nuestros estudios como en nuestro trabajo.

ULTRAJE. Sentirse ultrajado en sueños es augurio de que no tardarás en recibir una grata sorpresa. En el caso de ser tú quien ultraje a otra persona, tus ilusiones y proyectos fracasarán estrepitosamente.

UNGÜENTO. Tanto si nos untan como si nos untamos nosotros mismos con él, es símbolo de prosperidad y alegría. Si somos nosotros quienes aplicamos el ungüento a otra persona, recibiremos desengaños por entrometernos en asuntos que no nos incumben.

UNIFORME. Soñar que vas vestido de uniforme predice honores y fama.

UNIVERSIDAD. Ver una universidad en sueños vaticina que puedes verte envuelto en un pleito desagradable. Hallarte en ella significa que sufrirás contrariedades en tus estudios, trabajos o negocios.

UÑAS. Si la persona que sueña tiene las uñas muy largas, es un buen presagio. En el caso de que sean muy cortas, indica pérdidas y contrariedades. Para quien las corta, son augurio de deshonor. Si sueñas que las arrancas, significa enfermedades e incluso peligro de muerte.

URNA. Si en tus sueños aparece una urna,quiere decir que recibirás la noticia de una boda próximamente.

URRACA. Si ves una urraca viva en tu sueño pronostica que serás víctima de un robo, y si la vieses muerta, sentirás la pérdida de un objeto o documento de mucho valor para ti.

USURERO. Si sueñas que eres un usurero, es señal de fracasos y ruinas. Si recurres a él, indica que pasarás por una desagradable situación que habrá de causarte vergüenza.

ÚTILES. Soñar con útiles en general es indicio seguro de promesa de un trabajo que mejorará en mucho nuestra situación actual.

UVAS. Es un buen presagio soñar con uvas. Si están en racimos renacerá la esperanza de que lleguen a triunfar los planes e ilusiones que durante mucho tiempo has venido acariciando. Comerlas es signo de bienestar. Si quien sueña con ellas es una mujer casada y no tiene hijos, se cumplirá su ansiado deseo de convertirse en madre.

V

VACA. Soñar con vacas es símbolo de amparo constante, bienestar y riqueza. Ordeñarlas indica que tu vida continuará apacible y serena, rodeado de cariño y afecto. Si eres agricultor o ganadero y sueñas con tus vacas, ten por seguro que tus cosechas serán espléndidas y tu ganado te proporcionará grandes riquezas.

VACUNA. Si sueñas que te ponen una vacuna, es pronóstico de atenciones por parte de quienes te rodean, así como favores y beneficios.

VADO. Atravesar un vado en sueños vaticina ciertos peligros, que llegarás a vencer con tu honradez y constancia.

VAGABUNDO. Si un vagabundo se aparece en nuestro sueño, es señal de que tenemos que ser más decididos y firmes en nuestras iniciativas si queremos mejorar nuestra situación.

VAINA. La vaina de una espada en sueños augura ruptura de relaciones matrimoniales o simplemente amorosas.

VAJILLA. Soñar con vajillas, bien sean de loza, de porcelana, etc., es augurio de una existencia apacible, con salud y suficiencia de medios económicos.

VALLE. Ver en sueños un hermoso valle, luciendo el color esmeralda de la hierba, significa que eres una persona bondadosa, de nobles sentimientos y que vives tu vida con mucha paz y tranquilidad.

VALS. Ver a varias personas bailando un vals indica breves alegrías que finalizarán en pequeños disgustos. Si en sueños eres tú mismo quien baila, recibirás una grata noticia.

VAMPIRO. Soñar con vampiros que nos están chupando la sangre nos avisa de que tengamos cuidado con algún animal de cuatro patas que puede causarnos un daño imprevisto. Verlo volar anuncia penas y dificultades.

VAPOR. Viajar en un vapor con mar apacible es un indicio de que tu negocio irá prosperando, aunque paulatinamente. Si el vapor llegara a hundirse en medio de una tormenta, esto conllevaría una grave señal de dolores y fracasos o de una pérdida familiar. Ver salir vapor de agua de una caldera o de una olla significa que las ilusiones que te has forjado se verán truncadas.

VASO. Este sueño presenta varias interpretaciones, dependiendo de cada caso: si sueñas con vasos, te anuncia un próximo compromiso o enlace matrimonial ; si está lleno de agua, aumento de familia; si es de vino, consuelo para nuestras penas; de cerveza, un breve viaje; de licor, fútiles aventuras amorosas. Por otra parte, soñar con un vaso roto es señal de dicha y fortuna.

VECINO. Soñar con vecinos es augurio de dificultades y enfermedad para el que sueña o para alguna persona de su familia.

VELA. Ver en sueños una vela encendida es señal de que pueden sobrevenirte algunas contrariedades y penas. Si está apagada, pronto recibirás la noticia de la muerte de un buen amigo o allegado. Si se trata de las velas de un barco, en breve tendrás una gran alegría.

VELADA. Si sueñas que estás en una velada, tanto si es fúnebre como si se trata de una fiesta nocturna, no tardarás en recibir gratas noticias y beneficios.

VELETA. Ver una veleta en sueños te advierte de que debes velar por tu familia, que puede hallarse expuesta a graves contrariedades.

VELLO. Soñar que tienes mucho vello en el cuerpo indica que recibirás gratas noticias y una respetable cantidad de dinero.

VELO. Si la persona que sueña lleva un velo, significa que deberá estar alerta, ya que algún amigo se dispone a traicionarla.

VENA. Soñar con venas es un aviso de que tu situación actual cambiará notablemente con la llegada de nefastos acontecimientos que alterarán la paz de tu hogar.

VENADO. Acosar un venado en sueños augura sucesos gratos e inesperados. Verte montado en él anuncia que obtendrás fortuna rápidamente. Matarlo y guardar su cabeza y piel como trofeo te pronostica que alcanzarás una vejez saludable y feliz.

VENDA. Cualquier sueño en el que veas vendas, tanto si las llevas tú mismo como otra persona, significa que pronto terminarán tus dificultades, y la paz y prosperidad te acompañarán durante mucho tiempo.

VENDER. Si sueñas que vendes objetos inútiles y de poco valor, lograrás una ligera mejora en tu trabajo o negocio. Si, por el contrario, sueñas que vendes cosas de valor, muebles, cuadros, jarrones, joyas, etc., tu posición mejorará notablemente.

VENDIMIA. Hallarte en una vendimia en tu sueño predice salud, bienestar, paz y gozo familiar.

VENENO. Soñar con cualquier producto venenoso vaticina fracasos y amarguras que pueden llevarte hasta la desesperación, por lo que deberás controlarte para evitar funestas consecuencias. Sin embargo, si eres tú mismo quien lo toma, pronto llegarán a realizarse tus aspiraciones y buenos deseos.

VENGANZA. Si sueñas que acabas de vengarte de alguna persona a quien odiabas, debes estar preparado porque puedes verte inmiscuido en pleitos y asuntos judiciales, que te perjudicarían y alterarían tu modo de vida actual.

VENTANA. Ver una ventana cerrada en sueños significa que se nos presentarán muchos obstáculos, bien sea en estudios, trabajos o negocios. Si está abierta, es una señal de protección por parte de personas importantes y pudientes. Soñar que te arrojas por la ventana quiere decir que, si iniciamos un pleito, saldremos mal parados de él.

VENTOSA. Soñar que te aplican una ventosa predice que te encontrarás con una persona amiga a quien hace tiempo que no ves y ese encuentro te producirá una gran alegría.

VENTRÍLOCUO. Un ventrílocuo en sueños indica que un sujeto indeseable trata de engañarte abusando de tu buena fe. No te fíes de él ni confíes en sus falsas promesas.

VERDOLAGA. Las verdolagas cuando aparecen en los sueños significan fracasos en los negocios y pérdida de dinero. También auguran una dolorosa enfermedad.

VERDUGO. Es de muy mal augurio soñar con el ejecutor de la justicia, ya que señala quiebras en el negocio, intervenciones judiciales o pérdida vergonzosa de tu actual empleo.

VERDUGUILLO. Si sueñas con un verduguillo o estilete, recibirás gratas noticias de personas ausentes desde hace mucho tiempo.

VERDURA. Ver las verduras todavía en el campo te anuncia que no debes desfallecer ni perder las esperanzas, si continúas trabajando con dedicación y fe. Si las ves cocinar, indica amor y avenencia con la esposa o prometida.

VEREDA. Caminar por una vereda o sendero estrecho significa que tendrás amores ilícitos con una persona casada.

VERJA. Si la verja con la que sueñas es de madera, será anuncio seguro de dinero. Si es de hierro, se presentarán obstáculos que habrás de salvar con tu comportamiento.

VERRUGA. Si sueñas que tienes verrugas, vaticina fracasos amorosos. Verlas en otra persona, ingratitudes y desprecios.

VÉRTIGO. Sentir vértigo en el sueño revela que hay una persona de tu entorno que trata de tenderte una trampa para perjudicarte.

VESTIDO. Un vestido sucio y maltratado en sueños es augurio de que serás objeto de algún exabrupto por parte de un familiar o amigo. Si es elegante, limpio y nuevo, harás valiosas amistades. Si es de colores, evidencia contrariedades. Si es blanco, es señal de amor y dulzura.

VETERINARIO. Si sueñas con un veterinario, ve con cuidado con una persona que piensa pedirte dinero y que, por su situación, no podrá devolvértelo.

VIAJE. Soñar que te dispones a emprender un viaje a pie indica que tendrás obstáculos insuperables. Si viajas a caballo, es augurio de buena fortuna. En cualquier vehículo, significa felicidad.

VÍBORA. Si sueñas con tan repulsivo reptil, es señal de perfidias y traiciones. Si la ves enroscada, es un aviso de contratiempos y enfermedades. Solo si logras matarla, podrás librarte de todos los peligros.

VIDRIO. Unos vidrios rotos son señal de que recibiremos noticias que nos llenarán de congoja.

VIEJO. Soñar que eres viejo si eres joven significa respeto y consideración. Si se ve un anciano, debemos aceptar los consejos que puedan darnos.

VIENTO. Si el viento que sentimos en sueños es suave, una leve brisa, recibiremos buenas noticias que nos llenarán de alegría. En cambio, si el viento es fuerte, es presagio de inquietudes y situaciones molestas.

VIENTRE. Ver el vientre de una mujer predice desavenencias hogareñas y dificultades fuera de la casa.

VIGA. La persona que sueñe con las vigas de una vieja casona será objeto de francas demostraciones de agradecimiento por parte de unos amigos a quienes prestó su desinteresada ayuda en tiempos de necesidad. Si las vigas con las que sueña están carcomidas y a punto de caer, indican un gran sentimiento por la pérdida de un ser querido. Si están quemadas, son señal de graves desavenencias conyugales.

VILLA. Si sueñas con una hermosa villa, es indicio de un próximo, agradable y tal vez fructífero viaje; pero si la atraviesas, sufrirás algunas pequeñas molestias en el viaje.

VINAGRE. Beberlo en sueños es anuncio de dificultades con algún pariente o amigo, provocadas por habladurías sin trascendencia, que debemos evitar interpretando a tiempo este sueño.

VINO. Soñar con vino generalmente es augurio de prosperidad y satisfacciones. Beberlo en un vaso significa salud. Verlo embotellado presagia una vejez apacible. Si el vino llegara a alegrarnos, quiere decir que contamos con la protección de una persona que nos estima.

VIÑEDO. Ver un viñedo en sueños es augurio de satisfacción y alegría. Si las viñas están llenas de racimos de uvas, revelan que todos los problemas que puedas tener se solucionarán en breve y todos tus deseos y esperanzas se verán cumplidos.

VIOLETA. Soñar con violetas significa que tu bondad te crea un firme afecto general entre tus amistades. Si las coges y las hueles, anuncia un próximo enlace.

VIOLÍN. Ver en sueños un violín es augurio de bienestar y paz espiritual. En el caso de oírlo tocar, significa que pronto recibirás noticias de un amigo querido a quien no veías desde hace algunos años.

VIRGEN. En cualquier forma o lugar que veas una Virgen en sueños, vaticina dicha y felicidad, sentimientos de bondad, amor de familia y sinceros afectos de tus amistades.

VISITA. Si sueñas que vas de visita, cumpliendo con tus deberes familiares o sociales, mantendrás el cariño y consideración de las personas a las que visitas. Si alguna de estas personas es quien nos visita, significa que pronto conocerás a un hombre o a una mujer que habrás de aceptar como una gran amistad que puede ser imperecedera. Y si recibes la visita de un médico, presagia una felicidad inesperada.

VIUDEDAD. Tanto si es un hombre como una mujer quien sueñe que es viudo, disfrutará de una larga y feliz vida matrimonial.

VOLANTE. Soñar que eres tú mismo quien está al volante de un automóvil indica que tanto en tu trabajo como en tu negocio llegarás a triunfar si pones empeño en ello.

VOLAR. Si sueñas que te desplazas por el aire, revela que pronto habrá un cambio muy favorable en tu vida. Volar en avión también indica ascenso y bienestar en tu trabajo o negocio.

VOLCÁN. Ver en sueños un volcán en plena actividad augura que se suscitarán discusiones en el seno del hogar. Si está apagado, significa que alguna persona tratará de difamarte, aunque sus acusaciones le resultarán fallidas y saldrá triunfante tu honradez.

VOLUNTARIO. Si sueñas que te ofreces como voluntario en el ejército o para realizar alguna empresa difícil, recibirás honores y satisfacciones.

VÓMITO. Soñar con él es augurio de grandes necesidades y apuros.

VOZ. Oír una voz grata que acaricia nuestro oído es una señal clara de que recibirás una visita que llenará tu corazón de júbilo y alegría.

YATAGÁN. Soñar con esta arma turca o árabe, a modo de espada, indica violencias y deseos de venganza. Procura reprimir tus impulsos vengativos o te verás envuelto en riñas y peligros.

YATE. Viajar en un yate quiere decir que sufres delirios de grandeza, que debes corregir y ser más modesto en tus aspiraciones, si quieres triunfar en la vida. Verlo partir anuncia fracasos en tus negocios y desavenencias familiares.

YEDRA. Ver la yedra que cubre las tapias o paredes significa que debes aprovechar los proyectos o trabajos que puede ofrecerte un buen amigo. Si está seca, tendrás que vigilar tu negocio para evitar ser víctima de una estafa.

YEGUA. Si sueñas con una yegua de buena estampa, revela que tu esposa o tu novia son personas buenas y agradecidas. Ver una yegua flaca y enclenque es señal de que una mujer se meterá en tu vida y te causará serios disgustos. Si da coces, es señal de habladurías y traiciones.

YEGUADA. Soñar con varias yeguas revela satisfacciones en la juventud, aunque la vejez será triste y desolada.

YEMA. Si, en sueños, estás comiendo una yema de huevo, es señal de contrariedades, a menos que cambies tu actual modo de vida. Si la yema se extiende, anuncia éxito en el trabajo, negocios o estudios.

YERMO. Soñar con un lugar yermo, sin árboles ni agua, augura desengaños, tristezas y mala situación.

YERNO. La persona que sueñe con su yerno habrá de pasar necesidades, a menos que ponga una mayor dedicación en el trabajo o negocio.

YESO. Este sueño es augurio de noticias de familiares ausentes, que no serán, por desgracia, muy halagüeñas.

YUGO. Presagia un matrimonio feliz, con salud y bienestar hogareño, siempre y cuando entre los cónyuges no se cometan infidelidades.

YUNQUE. Ver en tu sueño un yunque indica que el trabajo que actualmente llevas a cabo te proporcionará provecho y bienestar. Estar trabajando con él significa que con tu constancia y tenacidad alcanzarás la meta que te propones, disfrutando de buena salud y posición social.

ZAFIRO. Si sueñas con esta piedra preciosa, te está anunciando claramente que recibirás favores, regalos y amistad.

ZANAHORIA. Si sueñas que las siembras, quiere decir que te pedirán dinero prestado; si las recoges, serás tú quien tendrá que recurrir a pedir un préstamo a un amigo. Comer zanahorias en sueños augura que conseguirás algunas ventajas en tu situación actual que pueden mejorar tu vida.

ZANCOS. Sé prudente en tus actos y comportamiento si no quieres cometer un grave error de insospechadas consecuencias.

ZÁNGANO. Soñar con zánganos es una advertencia clara de que debes apartarte de cierta amistad que solo trata de explotarte pidiéndote dinero. Además significa que, si alguna persona te propone un negocio, vayas con cuidado para que no te estafe, ya que existe el riesgo de que esto suceda.

ZANJA. Si sueñas que caes en una zanja, indica que alguien trata de engañarte. Si la saltas, presagia un grave peligro inminente. Estar cavando una zanja es augurio de bienes de fortuna. Cubrirla de tierra predice pérdidas en el trabajo y en el negocio.

ZAPAPICO. Si sueñas con un zapapico, desconfía de conseguir dinero jugando a la lotería, ya que tendrás que lograr tu suerte y bienestar con el trabajo honrado a base de sacrificios.

ZAPATERO. Si tu oficio no es el de zapatero y sueñas que haces zapatos, te indica que estés alerta, porque una persona en la que confiabas te traicionará.

ZAPATILLAS. Soñar con zapatillas es augurio de disgustos. Quitártelas, señal de riñas y violencia. En cambio, si te las pones, significa que tendrás comodidades y buena vida.

ZAPATOS. Soñar con zapatos nuevos, es un buen presagio de que tendrás beneficios. Si están desgastados por el uso, significa pobreza momentánea.

ZARCILLOS. A una joven que sueñe con unos zarcillos, estos le anuncian que no tardará en contraer un matrimonio ventajoso. Si se trata de una mujer casada, este sueño significa que tendrá disgustos con su esposo.

ZARPAR. Ver en sueños zarpar un buque revela que pronto realizarás un viaje de placer.

ZARZAMORA. Si sueñas que comes zarzamoras, vaticina que recibirás gratas noticias que te llenarán de alegría.

ZIGZAG. Caminar en zigzag es augurio de que debemos desconfiar de los consejos de personas que tratan de inmiscuirnos en vanos proyectos o negocios que podrían llevarnos a la ruina. Si vemos a alguien que anda por la calle haciendo zigzag, significa que sufriremos contrariedades, de las que tú mismo tendrás la culpa por tu mal comportamiento.

ZODIACO. Soñar con cualquiera de sus signos presagia bienestar, felicidad y éxito en los estudios, trabajo o negocios.

ZORRA. Ver en sueños una zorra nos alerta de traiciones y maldades. Si está corriendo, habremos de tener cuidado con los empleados que nos rodean. Si la perseguimos, significa que alguien quiere estafarnos o robarnos. Si la zorra está acechando alguna presa, es augurio de enfermedad. En caso de matarla, revela la traición de un falso amigo.

ZUAVO. Si vemos un zuavo en sueños, recibiremos noticias de un pariente o amigo lejano que nos llenarán de alegría. Si te ves vestido de zuavo, significa que pronto harás un viaje.

ZUECOS. Calzar zuecos augura estancamiento en tu situación actual. Ver a otra persona que los calza revela una notable mejoría del estado en que te hallas. Si fuera un niño quien los llevase, sería presagio de buena salud.

ZUMBIDO. Oír en sueños molestos zumbidos te avisa de que debes desconfiar de una persona que trata de sorprender tu buena fe y de la que debes protegerte, tomando las precauciones necesarias.

ZURCIDO. Si ves a alguien zurciendo ropa, calcetines, etc., significa que recibirás la satisfacción de que un familiar tuyo triunfará en una empresa que ha emprendido. Si eres tú quien zurce, quiere decir que obtendrás beneficios en tus negocios.

ZURDO. Desconfía de un amigo de tu entorno que te halaga con buenas promesas. Sé precavido y obra con conocimiento de causa.